Por Que Sou Espírita?

Américo Domingos Nunes Filho

EME
EDITORA

"Este livro não tem o escopo de somente refutar um irmão do Clero pelas suas críticas infundadas à Doutrina Espírita, vai mais adiante, tornando-se matéria importante para todos aqueles que desejam obter vastos conhecimentos científicos e religiosos, condensados em apenas uma obra."

(Editora EME - Capivari - SP)

Edição e Distribuição

EME
EDITORA

Maria Izabel Braghero de Camargo - Editora-ME
Rua Madre Valéria, 903 - Caixa Postal 93
Cep 13360.000 - Capivari-SP - Fone/Fax: (0194) 91-3878

Américo Domingos Nunes Filho

Por Que Sou Espírita?

Capivari-SP
1995

Por que Sou Espírita?
1ª edição — Agosto/1995 - 3.000 exemplares

Capa:
Nori Figueiredo

Arte Final:
Matheus Camargo

Ficha Catalográfica

Nunes, Américo Domingos Fº

Por que sou Espírita?, Américo Domingos Nunes Filho, 1ª edição 1995, Editora EME, Capivari-SP

160 p.

1 - Espiritismo - ABC Espírita

2 - Refutações de Críticas Católicas

CDD 133.9

Sumário

Sumário

Apresentação do Autor

Américo Domingos Nunes Filho é médico. Labuta dentro do movimento espírita do Estado do Rio de Janeiro como conferencista, escritor e jornalista. É produtor de cinema e vídeo, tendo fundado o Centro Audiovisual Espírita (CAVE), com a função precípua de divulgar a Doutrina codificada por Kardec, gratuitamente, através do vídeo; membro da SPLEB (Sociedade Pró-livro Espírita em Braille); da Instituição Espírita Cooperadoras do Bem Amélie Boudet, dando assistência espiritual aos reeducandos do Ponto Zero, em Benfica; vice-presidente e expositor do Instituto de Cultura Espírita do Brasil e dirigente do Grupo de Estudos Espíritas Dimas.

Membro-fundador da ADE-RIO (Associação de Divulgadores do Espiritismo do Estado do Rio de Janeiro) e Vice-Presidente da Instituição. Membro-fundador da AME-RIO (Associação Médico-Espírita do Estado do Rio de Janeiro) e da AME-BRASIL (Associação Médico-Espírita do Brasil).

Autor de cinco livros: "**Cartas a um Sacerdote e a Reencarnação**", publicado pela Editora Espírita "Mensagem de Esperança", Capivari/São Paulo; "**O Consolador Entre Nós**", pela Editora "O Clarim", Matão/São Paulo, "**Sexualidade e Espiritismo**", pelo Departamento Editorial do Centro Espírita Léon Denis e "**A Queda dos Véus**", igualmente pelo "Léon Denis" - RJ, como também "**Razão e Dogma**", pela Editora "O Clarim".

Minhas Homenagens

Aos que deram suas vidas nas fogueiras inquisitoriais, não abjurando de seus ideais de liberdade religiosa, contrários à opressão, ao absolutismo, repudiando as crenças dogmáticas.

Aos que se insurgiram nos Concílios contra a imposição de mentes reacionárias e retrógradas lutando para que a aproximação do homem com Deus se faça sob o crivo do raciocínio e com o estabelecimento de relações lógicas e amadurecidas.

Prefácio

Aureliano Alves Netto

Define Pitigrilli, no seu refinado senso humorístico: "Prefácio é aquilo que se escreve depois, imprime-se antes e não se lê antes, nem depois."

A ser verdadeira a assertiva , aí está um piedoso consolo. Passando por cima do prefácio, ignorando-o, o ilustrado leitor não se dá conta de nossa fragilidade estilística e conceitual. Iniciará logo a leitura da obra em apreço, com evidente economia de canseira e tempo. Atitude prática e inteligente, de vez que **Por Que Sou Espírita?** dispensa qualquer apresentação. Recomenda-se por si mesmo. É o que é.

Apesar dos pesares, o prefaciador procura desincumbir-se da tarefa que lhe foi confiada. **Noblesse oblige**.

"Tenho paixão pelos prefácios" — disse Voltaire — ao que assegura Giovanni Casanova de Seingalt, em suas famosas **Memórias** autobiográficas. Mas reza judiciosamente o velho adágio: — A exceção confirma a regra.

Em questões religiosas suscitadas por representantes tonsurados do Catolicismo, Américo Domingos Nunes Filho está se tornando especialista. Já publicou **Cartas a um Sacerdote e a Reencarnação** terçando armas com Dom Marcos Barbosa, O.S.B. acerca da doutrina da Reencarnação. Agora volta à arena a fim de refutar as "razões" apresentadas pelo padre Estêvão Bettencourt , também O.S.B. que manifestou sua ojeriza ao Espiritismo. E o fez num livreto que ostenta precisamente o título **Por Que Não Sou Espírita?**

Nunes Filho elaborou um trabalho minucioso, contestando todos os itens das solércias do ardoroso sacerdote. Aprofundou-se nas explicações de ordem doutrinária e enumerou uma imensa gama de fenômenos espíritas (tiptologia, psicografia, voz direta, vidência, "as caras de Belmez" etc.), servindo-se de bibliografia apropriada.

Toda a obra contestatória está prenhe de citações, a maior parte delas em extensas transcrições de textos de livros e jornais. O Autor chega a citar-se a si mesmo e — convenhamos — com muita propriedade.

Lembre-se, a propósito que, na Introdução do seu **Dicionário de Citações** em 8 volumes, diz-nos A. Tenório d'Albuquerque:

"Quem escreve, qualquer que seja sua profissão, romancista, advogado, poeta, engenheiro, dramaturgo, comediógrafo, político, gramático, jornalista de quando em quando, sente necessidade de fazer uma citação, de apoiar-se em um autor de renome."

Por seu turno, A. Della Nina, autor do **Dicionário Brasileiro de Sabedoria** em 9 volumes, assevera:

"É sempre dos mais difíceis o trabalho de escolher, sobretudo quando é preciso escolher, na seara de pensamentos saídos da mente humana, o que há de mais exato, sintético e perfeito."

E já que palmilhamos a área das citações, permita-se-nos citar as palavras finais deste livro, dignas de todo aplauso:

"Chegará o tempo e a hora em que o Espírito imortal, cidadão do Infinito, que viveu uma existência como um prelado, no Brasil, de nome Estêvão Bettencourt, estará uníssono com a harmonia e a beleza emanadas do Consolador Prometido pelo Cristo, a Terceira Revelação Divina à Humanidade, a Doutrina Codificada pelo grande pensador lionês Allan Kardec."

Amém.

INTRODUÇÃO

Através do presidente da USEERJ (União das Sociedades Espíritas do Estado do Rio de Janeiro), Gerson Simões Monteiro, com uma amável dedicatória pedindo-me uma tarefa de refutação, chega-me às mãos um opúsculo, escrito pelo padre Estêvão Bettencourt O.S.B., intitulado "**Por que não sou espírita?**"

De início, fiquei perplexo. Logo, me refiz, surgindo, em minha mente, a seguinte interrogação: Por que um clérigo perde momentos tão preciosos na elaboração de tal obra?

É lógico raciocinar que o desperdiçado tempo poderia ter sido utilizado na prática da fraternidade, acolhendo corações desventurados, mergulhados muitas vezes no desespero e na revolta. Quantas oportunidades deixaram de ser realizadas, na finalidade evangélica de apascentar o rebanho, envolvido que estava o "pastor de ovelhas", na ação de tentar ceifar a Seara Espírita, o Consolador prometido por Jesus à Humanidade.

Não deveríamos mais respirar esse ar inquisitorial, sufocados na mesma atmosfera que a hodierna Igreja Católica assumiu ter poluído. O mesmo zelo maligno de outrora, direcionado de forma sombria, refletindo falsamente uma representação crística, aprisionando e matando milhares de pessoas que não compactuaram com o absolutismo clerical.

De triste lembrança, o Romanismo foi responsável pela chamada "Idade das Trevas" (no século dezoito) quando a Inquisição prejudicou sensivelmente a economia do Brasil Colônia, impedindo o desembarque, em nossos portos, de imigrantes não católicos. A bordo subia um frade, selecionando somente os estrangeiros capazes de rezar o "Padre Nosso" e a "Salve Rainha", de recitar o "Credo dos Apóstolos" e de fazer o sinal da cruz.

Em oposição ao período colonial americano, quando mentes arejadas, avançadas e cultas tiveram o ensejo de lá aportar, o nosso país, sob jugo eclesiástico, retrógrado e infenso à evolução, foi intensamente prejudicado em seu desenvolvimento, refratário a novas idéias e princípios progressistas.

Em que pese os tribunais inquisitoriais e o absolutismo religioso, o evolver da criatura humana, aliando a filosofia à ciência, fez com que a "fé cega", o "Credo quia absurdum" e o "Fora da Igreja não há salvação" sofressem o devido anátema, recebendo o impacto do bisel da razão e do bom senso.

Hodiernamente, a Física Quântica, aproximando a ciência da religião, desfecha um duro golpe no mecanismo e no modelo cartesiano de pensamento. Nunca o mundo científico esteve tão próximo do Espírito, o agente da vida, invisível aos olhos terrenos e constituído de incomensurável energia.

Cientistas americanos e europeus, descompromissados com a Doutrina Espírita, vêm atestar, sob o olhar estupefato daqueles que estão tendo acesso às suas informações, que os Espíritos, através de instrumentos eletrônicos, podem comunicar-se conosco, simples encarnados ainda presos ao jugo da matéria. Inclusive, não somente se ouvem as suas vozes nos gravadores, também são vistas as suas imagens, como as do plano onde se encontram, por meio de uma tela de televisão.

As barreiras estão se desfazendo. Nunca o homem precisou tanto secar as suas lágrimas e ter a certeza da sua sobrevivência, o motivo de sua estada na Terra e qual é o seu porvir...

Não há mais tempo para a intolerância religiosa e o dogmatismo. O ser humano necessita crer sabendo. O Espiritismo é a síntese perfeita do conhecimento universal, amalgamando a religião com a filosofia e a ciência.

Ninguém poderá destruí-lo, muito menos quando as ofensas partem de mentes ainda ignorantes, as mesmas que levaram à fogueira João Huss e tentaram parar o movimento de nosso planeta, ameaçando Galileu.

O excelso codificador, Allan Kardec, dirigindo-se aos contraditores do Espiritismo, assim se expressou: "Quereis combatê-lo com êxito? Substitui-o por alguma coisa melhor; indicai solução mais filosófica para todas as questões que ele resolveu, dai ao homem outra certeza que o faça mais feliz!" (Conclusões de "O Livro dos Espíritos").

Impregnado do espírito de Kardec, meu mestre abaixo do Cristo, sinto-me encorajado a rebater todas as afirmações do nosso irmão em Jesus, Pe. Estêvão Bettencourt, ainda estacionário em uma faixa evolutiva espiritual não propícia a grandes vôos.

Saudando a querida Fundação Cristã Espírita Cultural Paulo de Tarso e, oferecendo esta obra, em benefício da programação Espírita levada ao ar, em 1400 Khz, através da abençoada "Emissora da Fraternidade", Rádio Rio de Janeiro, tenho o prazer de trazer aos diletos leitores: "**Por que sou espírita?**".

CAPÍTULO I

REFUTAÇÃO À INTRODUÇÃO DO OPÚSCULO CATÓLICO

O autor do opúsculo católico começa a introdução da obra dizendo que "*o Espiritismo seduz muitos fiéis católicos, seja por causa dos 'fatos prodigiosos' que lá ocorrem, seja pela promessa de comunicação com os defuntos, seja porque o Espiritismo às vezes se reveste de capa católica, adotando nomes de Santos para seus Centros e louvando Jesus Cristo...*"

Primeiramente, o reverendo atesta que "muitos fiéis católicos" aderem a Doutrina Espírita. Realmente, está com toda a razão, já que as pesquisas recentes indicam um crescimento acentuado dos profitentes espíritas, a expensas de um catolicismo que se esvai consideravelmente, diminuindo acentuadamente a vocação sacerdotal e o número de pessoas que assistem às missas.

Exasperada com a situação e tentando reverter a situação desesperadora, a Igreja começou a estimular os cultos carismáticos, porquanto são muito parecidos com os rituais de denominadas seitas pseudo-evangélicas, que alcançaram um ótimo desempenho nas estatísticas.

É importante ressaltar que os maiores índices de crescimento do Espiritismo se verificam na classe média mais culta, contrastando acentuadamente com as seitas que receberam maior participação das pessoas menos esclarecidas.

O padre se engana, concluindo que a causa da evasão dos católicos para as fileiras espíritas se dê "*por causa dos 'fatos prodigiosos' que lá ocorrem, e pela promessa de comunicação com os defuntos...*"

De início é necessário frisar que nos trabalhos práticos da Doutrina Espírita não existem fatos miraculosos. Inclusive, o que o Catolicismo denomina de milagres, são explicados pelo Espiritismo como fenômenos normais, conhecidos sob à ótica mediúnica.

Inteiramente discordante da realidade é o pensamento clerical de que existe "promessa de comunicação" com os desencarnados nos Centros Espíritas. O intercâmbio mediúnico é realizado espontaneamente, nunca de forma forçada. O estimado sensitivo mineiro, Francisco Cândido Xavier, certa feita, relatou que "*o telefone sempre toca de lá (Mundo Espiritual) para cá (Mundo Físico) e nunca de cá para lá*".

Na grande maioria das comunicações mediúnicas não há manifestação mediante evocação dos desencarnados.

O que o eclesiástico ignora ou finge desconhecer é que "fato prodigioso" é o que acontece rotineiramente no Espiritismo, onde se verifica a verdadeira prática da fraternidade. Realmente, é extraordinário constatar os ensinamentos do Cristo sendo exemplificados pelos espíritas. Gratuitamente, sem auferir nenhum rendimento monetário, os seguidores de Kardec fazem do amor ao próximo um lema: "*Fora da caridade não há salvação*".

"Fato prodigioso" é observar pessoas, representando todos os segmentos da população reunidas e irmanadas, iluminadas pela luz da concórdia. Ricos e pobres, sãos e doentes, cultos e incultos, sem distinção de cor, destituídos de qualquer preconceito, juntos sob as bênçãos da fraternidade.

Maravilhoso é visitar uma colônia de hansenianos e observar grupos de espíritas, empenhados na tarefa assistencial aos que lá se encontram, distribuindo, concomitantemente com um sorriso nos lábios, bens alimentícios, roupas, produtos de higiene e sapatos. Aos incapacitados, dando na boca a sopa deliciosa e apetitosa que preparam com o devido carinho. Importante ressaltar que todas as tarefas são realizadas após uma rápida reunião de congraçamento em torno de uma passagem reconfortante do

Evangelho e de uma fervorosa oração.

Certa feita, visitando a Colônia de Hansenianos de Curupaiti, observei um interno, cabisbaixo, bem abatido, portador de deformidades marcantes (não possuia os membros inferiores, as mãos desprovidas de dedos, a face desfigurada e sem expressão devido à cegueira). Logo que o interpelei e lhe dei alguns petiscos, sorriu e, me interrogou, se eu era espírita. Imediatamente, o questionei: — *Por que me pergunta isso?* Ele prontamente, respondeu-me: "— *Só os espíritas fazem o que você está fazendo. Vocês são humanos, conversam comigo e me perguntam se estou precisando de alguma coisa*". Então indaguei a respeito da visita de simpatizantes de outros credos religiosos. Imediatamente, afirmou que raramente grupos católicos para lá se dirigiam e quanto aos que se diziam evangélicos, pediam dinheiro para suas igrejas, e insistiam na prática da unção (passar "óleo benzido" na testa da pessoa).

Constatei mais uma vez a importância da minha religião e lembrei-me das palavras amorosas de Jesus: "*Estava enfermo e tu me visitastes*"(Mateus 25:36)

É verdadeiramente um "fato prodigioso" saber que pessoas, em nome do Cristo, sem nenhum interesse pecuniário, sacrificam seus momentos de prazer ou mesmo de repouso em favor do próximo, que pode estar acamado em um leito de dor, recluso em uma prisão, vivendo em um asilo ou internato, ou mesmo abandonado em uma via pública.

O Mestre ensinou que eleitos são aqueles que praticam a fraternidade, pondo o amor em ação: "... vinde , benditos de meu Pai! *entrai na posse do reino que vos está preparado desde a fundação do mundo. Por que tive fome e me destes de comer; tive sede e me destes de beber; era forasteiro e me hospedastes; estava nu e me vestistes; enfermo e me visitastes; preso e fostes ver-me*". (Mateus 25:34-36).

Para mim, é uma das mais significativas passagens do Evangelho, desde que Jesus não alude ao Seu sacrifício na cruz, nem faz menção a qualquer religião. Reafirma que "*sempre que o fizestes a um destes meus pequeninos irmãos, a mim o fizestes*" (Mateus 25:40).

Quanto ao Espiritismo, "às vezes, se revestir de capa católica, adotando nomes de santos para seus centros e louvando Jesus

Cristo", devo informar ao prezado irmão sacerdote que um santo, embora tenha tido atuação no Romanismo, não é privilégio apenas dos católicos, representa uma fonte de luz para toda a humanidade.

Para um espírita, o santo é um missionário da luz, tendo tido ou não uma crença católica. O que faz alguém ser "santo" é ter alcançado um elevado grau de espiritualidade. Conforme o Mestre ensinou a respeito dos eleitos, o santo exatamente se caracteriza pela prática desinteressada do amor para com todas as criaturas.

Será que o prelado considera o "santo" propriedade da Igreja Católica? Será que o santo, como criatura espiritual de grande expressão, só exerce a fraternidade para os católicos?

A resposta é negativa, já que o próprio Jesus não faz diferença entre pessoas e, conforme foi comentado, anteriormente, o Mestre não se refere a nenhuma crença religiosa, por ocasião do sermão profético, quando fala a respeito dos "eleitos".

É muito boa a abordagem a respeito desses benfeitores Espirituais, pois sabe-se que o fenômeno mediúnico foi marcante na vida dos iluminados irmãos, canonizados pela Igreja.

Cito, a seguir alguns exemplos, a respeito do assunto, compulsados do excelente livro "Mediunidade dos Santos", de autoria de Clóvis Tavares, publicado pelo Instituto de Difusão Espírita, de Araras-São Paulo:

1- Santa TerezaGalani possuia a *mediunidade da vidência;

2-Santa Margarida Alacoque era dotada da mediunidade da vidência e da audiência;

3- São Pedro de Alcântara era portador da faculdade mediúnica da cura, premonição e levitação;

4- Santa Margarida de Cortona exercia a mediunidade da vidência;

5- São João Crisóstomos tinha o dom da psicografia;

6- São Pedro de Alcântara dominava a premonição, a levitação e a cura mediúnica;

7- Santa Gemma Galgani apresentava a vidência;

8- Santa Catarina Labouré tinha a posse da audiência;

Nota do Autor: * Para melhor compreensão das faculdades da vidência e da audiência, consultar "O Livro dos Médiuns"— questões 165, 167, 168, 169, 170, e 171.

9- Santa Tereza D'Ávila desempenhava a vidência;

10- Santa Brígida era uma médium que levava a efeito a vidência, a audiência, a psicografia, a levitação, a premonição e a cura;

11- Santa Clara de Montefalco punha em ação a vidência, o desdobramento ou projeção da consciência, xenoglossia (falar línguas estrangeiras desconhecidas ao médium), premonição e curas;

12- Dom Bosco foi um médium, principalmente, de efeitos físicos. Praticava também a vidência, a premonição e a cura;

13- São João Batista Maria Vianney (Cura D'Ars) se distinguiu pela mediunidade da cura e da vidência;

14- São Eucárpio, São Trófimo, Santa Joana D'Arc, São Francisco de Assis professavam a audiência;

15- Santo Afonso de Ligório era versado na audiência e na bilocação;

16- Santo Antônio de Pádua, além da bilocação, exercitava-se na premonição e na cura;

17- Santa Catarina de Gênova possuia a vidência;

18- Santa Catarina de Siena exercia a audiência e a cura;

19- São Bento foi um "expert" na levitação.

Conclui-se que os denominados Santos eram pessoas dotadas de função mediúnica. Seus dons paranormais são perfeitamente observados e estudados pela Doutrina Espírita, constatando-se nenhum fato miraculoso ou inexplicável.

É perfeitamente plausível afirmar, então, que os homens canonizados pelo Catolicismo estão muito mais ligados ao Espiritismo do que a qualquer religião, inclusive a católica.

Como espíritos evoluídos, fazem parte da grande falange crística dirigida pelo próprio Jesus. Assim como a Doutrina codificada por Allan Kardec representa "O Consolador prometido pelo Cristo": "*vos ensinará todas as coisas e vos lembrará tudo o que vos tenho dito*" (João 14:26), é certo que os queridos irmãos, santificados pela Igreja continuam trabalhando espiritualmente para o bem da humanidade.

O Mestre disse que "*O Consolador não falará por si mesmo mas dirá tudo o que tiver ouvido*"(João 16:13). Representa, então, uma falange de mensageiros espirituais, que, sob as ordens de Jesus, ("O Pai enviará em meu nome" - João 14:26), virão ensinar o que o Cristo disse que a humanidade de sua época não podia suportar (João 16:12).

Em "O Livro dos Espíritos" (questão 625), Allan Kardec perguntou à Espiritualidade: "*Qual o tipo mais perfeito que Deus tem oferecido ao homem, para lhe servir de guia e de modelo?* A resposta foi incisiva: "Jesus".

Na resposta da pergunta 627, ressalto a seguinte afirmação dos Arautos do Consolador: "*Estamos incumbidos de preparar o reino do bem que Jesus anunciou*".

É lógico, portanto, assegurar que as Entidades santificadas pela Igreja, fazem parte das falanges espirituais, cuja presença entre nós reafirmam as palavras do Mestre: "*Não vos deixarei órfãos...*" (João 4:18).

O Codificador do Espiritismo, na elaboração da Doutrina Espírita, recebeu ajuda considerável de vários Espíritos, laureados pelo Vaticano, como São Luís, Santo Agostinho, São João Evangelista, São Vicente de Paulo, São Paulo, São Francisco Xavier, Cura de Ars e outros. Portanto, não há, para o seguidor de Kardec, constrangimento em homenagear, os locais onde pratica o amor ensinado e exemplificado pelo Cristo, com os nomes daqueles que são verdadeiros seareiros do Bem, chefiando as falanges responsáveis pela implantação do Evangelho na Terra.

Quanto a louvar o Cristo, o Mestre é realmente o exemplo a ser seguido pelos homens. Allan Kardec disse que "*Jesus constituiu o tipo da perfeição moral a que a Humanidade pode aspirar na Terra. Deus no-lo oferece como o mais perfeito modelo e a doutrina que ensinou é a expressão mais pura da lei do Senhor, porque, sendo ele o mais puro de quantos têm aparecido na Terra, o Espírito Divino o animava*" ("O Livro dos Espíritos, comentário da resposta da questão 625).

Também deve-se ressaltar que o Espiritismo é religião da fé raciocinada e ensina que "**Fora da Caridade não há salvação**". A obra básica da Doutrina, "O Livro dos Espíritos", começa pela definição de Deus e termina com o estudo das leis morais.

Num apanhado de todos os livros básicos do Espiritismo, pode-se dizer: "O Espiritismo vem confirmar as verdades fundamentais da Religião. Respeita todas as crenças: um de seus efeitos é incutir sentimentos religiosos nos que não possuem, fortalecê-los nos que os tenham vacilantes. Vem opor um dique à difusão da incredulidade. Longe de negar ou destruir o Evangelho, vem ao contrário, confirmar, explicar e desenvolver, pelas novas leis da natureza, que revela, tudo o quanto Cristo disse e fez. O Espiritismo não vem destruir os fatos religiosos, porém sancioná--los, dando-lhes uma explicação racional".

Por tudo isso, posso dizer que um católico pode vir a ser espírita. Afinal, eu mesmo fui católico e deixei de sê-lo. Hoje sou espírita e me ufano disso.

Minha religião não é calcada no medo. Responde a todos os meus anseios e perquirições. Não impõe uma fé dogmática, contraditória, punitiva, ameaçando as pessoas com penas e sofrimentos irremissíveis. Estuda o Evangelho em espírito e em verdade, sem se prender à "letra que mata".

Na minha crença, não há hierarquia religiosa, existe liberdade de pensamento. Não se embala alguém com promessas e mentiras. Não possui sacerdócio, nem liturgia, nem símbolos.

O espírita não adora imagens, não usa vestes especiais, não utiliza rituais. Segue o ensinamento de Jesus: "dá de graça o que de graça recebeste", sem auferir, portanto, rendimentos monetários.

A Doutrina Espírita redivive o Cristianismo primitivo em toda a pureza dos tempos apostólicos. Tem como princípios básicos:

1- *A crença em Deus*, definido como "inteligência suprema, causa primária de todas as coisas";

2- *A Evolução* ou progresso dos seres e dos mundos;

3- *A Reencarnação*, permitindo a evolução, através de várias oportunidades de renascimento na carne e decifrando todos os enigmas, refletindo a justiça de um Pai que é AMOR;

4- *A Sobrevivência do Espírito*, imortal, preexistindo ao corpo somático e sobrevivendo ao mesmo;

5- *A comunicação entre o Mundo Espiritual e o Físico*, estudando as leis que regem esse intercâmbio e proporcionando o recebimento de ensinos por parte dos Espíritos Superiores, como também o consolo para os que ficaram na Terra, chorando a perda de seus entes queridos.

A seguir, no opúsculo, o reverendo usa de artimanha, "*abrangendo sob a designação de Espiritismo também as religiões afro-brasileiras (Umbanda, Candomblé, Macumba...); estas têm em comum com o Kardecismo a prática da evocação dos mortos e a crença na reencarnação*".

"Macumba" tem normalmente o significado de magia negra, trabalho para o mal, enquanto a Doutrina Espírita é alicerçada no amor. O lema dos espíritas é "*Fora da caridade não há salvação*". A mediunidade praticada gratuitamente, "*dando de graça o que de graça recebeu*", segundo ensinamento de Jesus. Já o termo "Kardecismo" fica por conta de quem desconhece que não existe essa designação. Allan Kardec não inventou o Espiritismo. O Mestre Lionês foi o codificador de uma doutrina, constituída dos ensinamentos ministrados pelos Espíritos, através de vários médiuns. Na realidade, o sábio francês conseguiu realizar uma obra memorável: trazer a lume um verdadeiro tratado universal, amalgamando ciência, filosofia e religião. Portanto, *só existe um Espiritismo*, o que foi codificado por Allan Kardec.

Em uma nota de rodapé, que ora transcrevo, o eclesiástico foi bem ardiloso: "*A relação entre Espiritismo e Umbanda, por exemplo, é tão íntima que há quem diga que a Umbanda é complementação do Espiritismo: seria a quarta revelação (após a de Moisés, a de Jesus Cristo e a de Allan Kardec). Tenha-se em vista o texto do jornal "O Reformador", órgão oficial da Federação Espírita Brasileira, julho de 1953, p.149:*

"*Baseados em Kardec, é-nos lícito dizer: Todo aquele que crê nas manifestações dos espíritos, é espírita; ora o umbandista nelas crê, logo o umbandista é espírita... Assim todo umbandista é espírita, porque aceita a manifestação dos Espíritos, mas nem todo espírita é umbandista, porque nem todo espírita aceita as práticas da Umbanda*".

Com todo o respeito aos nossos irmãos umbandistas, a conclusão astuciosa do padre, de ser Umbanda a quarta revelação (após a de Moisés, a de Jesus e a de Kardec), peca pela falta de autenticidade.

Quanto ao enunciado em Reformador, a minha posição é discordante. Primeiramente, o clérigo, citando a Federação Espírita Brasileira, pensava, com certeza, que o espírita tem a obrigação de seguir, sem análise, as orientações emanadas da Casa Mater.

Acostumado o católico a não discutir o ensino da Igreja em

matéria de fé, supõe que o espírita deveria aceitar, sem exame minucioso, o que publica a Federação Espírita Brasileira.

Felizmente, a nossa querida Doutrina não tem hierarquia religiosa. O espírita tem um grande manancial de estudo, constituído pelo chamado "*pentateuco espírita*": O LIVRO DOS ESPÍRITOS, O LIVRO DOS MÉDIUNS, O EVANGELHO SEGUNDO O ESPIRITISMO, O CÉU E O INFERNO E A GÊNESE.

Consultando a primeira obra da Codificação kardequiana, na Introdução, encontra-se o seguinte ensinamento, ministrado pelo excelso Codificador: "*A Doutrina Espírita ou o Espiritismo tem por princípio as relações do mundo material com os Espíritos ou seres do mundo invisível.*" e "*os adeptos do Espiritismo serão os espíritas, ou se quiserem, os espiritistas*" (L.E., pg. 13-FEB).

Em "O Livro dos Médiuns", capítulo trinta e dois, é definido o Espiritismo por Allan Kardec, como "*Doutrina fundada sobre a crença na existência dos Espíritos e em suas manifestações*". *Espírita "é o que tem relação com o Espiritismo; adepto do Espiritismo: aquele que crê nas manifestações dos Espíritos*".

Em "O Evangelho Segundo o Espiritismo": "*É a ciência nova que vem revelar aos homens, por meio de provas irrecusáveis, a existência e a natureza do mundo espiritual e as suas relações com o mundo corpóreo*" (Capítulo I, nº 5).

Contudo, a Doutrina Espírita, não se restringe apenas ao intercâmbio mediúnico. O Mestre Lionês, em "O Livro dos Espíritos" (Prolegômenos) ressalta que o Espiritismo está alicerçado na primeira obra básica da Codificação. Portanto, Doutrina Espírita é a que está contida em "O Livro dos Espíritos"; constituindo "*as bases de um novo edifício que se eleva e que um dia há de reunir todos os homens num mesmo sentimento de amor e caridade*" (pag. 49, Editora FEB).

Na realidade, a Doutrina Espírita difere da Umbanda quanto à origem, como também em relação ao conteúdo doutrinário e à prática ritual.

A Umbanda é fruto de um sincretismo religioso, a resultante da mistura dos cultos africanos com as crenças dos indígenas brasileiros e com a influência católica.

O Espiritismo é uma doutrina, codificada por um sábio francês, recebida de vários Espíritos Superiores, através de inúmeros médiuns.

O conteúdo doutrinário do Espiritismo é calcado em um trabalho minucioso, realizado por Allan Kardec com as respostas obtidas dos Espíritos Superiores. A Umbanda não tem doutrina codificada, não existe uniformidade nos trabalhos realizados nos terreiros. A religião umbandista, ao contrário do Espiritismo ainda está muito presa às coisas materiais e seus adeptos, em grande número, por não estudarem, estão ligados à superstição e a crendices.

Existe uma grande afinidade entre as duas crenças no que se refere à crença na reencarnação, na aceitação da imortalidade da alma e na lei de causa e efeito.

Quanto ao ritual, existe um grande abismo entre as duas religiões. O umbandista, ao contrário do espírita, aceita a hierarquia religiosa, utiliza cerimonial de batizados e casamentos, adora imagens de escultura, acende velas, faz despachos, veste-se com roupas brancas e emprega símbolos e amuletos.

O confrade Pedro Franco Barbosa, através da obra "Espiritismo Básico", 1ª edição, editado pelo Centro Brasileiro de Homeopatia, Espiritismo e Obras Sociais, relata alguns pontos análogos da Umbanda com o Catolicismo, digna de ser transcrita a seguir: "Os umbandistas justificam o uso da cachaça com o do vinho dos católicos; de defumadores com o incenso das missas; da comida dos ORIXÁS, chamada de amalá, com a hóstia; dos tocos com as velas; dos despachos com as promessas; dos pontos cantados com os hinos e cantorias da Igreja; dos pontos riscados com os símbolos cristãos; das nunangas (vestes especiais) com os paramentos da liturgia católica; das mirongas (segredos) com os mistérios e dogmas; o dinheiro dos despachos com as taxas cobradas pela Igreja." (pag. 27).

Apesar de estarem separados por grandes fronteiras, o Espiritismo e a Umbanda estão irmanados no propósito da fraternidade, do amor ao próximo e, no momento, em que o umbandista começar a estudar e pesquisar, à saciedade, a fenomenologia mediúnica, livrando-se paulatinamente dos rituais fetichistas, os laços de união cada vez mais estarão fortalecidos.

Em seguida, o prelado enumera em sete as razões pelas quais não é espírita.

CAPÍTULO II

"Primeira Razão: Grande Ilusão"

Para a devida refutação das agressões do autor à Doutrina Espírita, comentarei de parágrafo em parágrafo as sua assertivas.

Diz o religioso "*Um dos fatores mais atraentes do Espiritismo é a aparente comunicação com 'os espíritos desencarnados', estes parecem acompanhar os vivos, consolando-os e orientando-os; é o que ocorre nos casos do copo falante, da psicografia, das casas mal-assombradas, etc*".

O clérigo enquadra a comunicação espírita como "*aparente*". Afirma que os espíritos desencarnados "*parecem*" acompanhar os vivos.

Com essa afirmação gratuita, o prelado está negando os inúmeros fenômenos que aconteceram nos ambientes ligados à sua crença, como também os que se verificaram em terras do Oriente, segundo o relato do Antigo e Novo Testamentos.

Desde os tempos primitivos o homem pode ver e ouvir os Espíritos. Os fenômenos da vidência e audiência atestam a presença de seres espirituais, confirmando a imortalidade.

No Antigo Testamento, o sacerdote Eli é observador de um fato mediúnico de grande significância. O profeta Samuel, ainda jovem, na sua primeira experiência paranormal, ouvia uma voz que pensava ser a de Eli, deitado próximo a ele. O sacerdote percebeu que Samuel estava sendo utilizado, como intermediário, captando mensagens do Plano Superior (**Primeiro Livro de Samuel** 3:1-14).

Enquanto o exemplo anterior retrata um caso marcante de audiência, trago agora outros tipos de mediunidade, onde a vidência também é relacionada.

O protagonista foi Daniel, célebre profeta judaico da corte da Babilônia. Enquanto presenciava uma visão com "a aparência de um homem" (Daniel 8:15), ouviu a voz de um varão que estava as margens do rio Ulai, a qual gritou: "Gabriel, dá a entender a este a visão" (Daniel 8:16).

Gabriel quer dizer "*Homem* de Luz". Um espírito situado em alto grau de evolução, apareceu a Daniel tão nitidamente que o deixou amedrontado (Daniel 8:17).

O valoroso profeta, em outra circunstância, viu uma entidade de grande expressão, totalmente iluminada. Os homens que estavam com Daniel nada viram. Ouvindo a voz estrondosa, caiu sem sentidos, rosto em terra. (Daniel 10:5-9).

Contestando, a priori, a ação inteligente dos habitantes do Mundo Espiritual junto aos seres terrenos, o padre vibra em consonância com as correntes espirituais inferiores que recusam a revelação divina, transmitida à humanidade por Benfeitores Espirituais, através de inúmeros intermediários (médiuns ou profetas).

No livro de Jó, há o relato de uma passagem bem significativa, provando, o que o eclesiástico nega, a presença insofismável da individualidade espiritual. Declara Jó: "Então, um espírito passou por diante de mim; fez-me arrepiar os cabelos do meu corpo; parou ele, mas não lhe discerni a aparência; um vulto estava diante de meus olhos; houve silêncio, e ouvi uma voz" (Livro de Jó 4:15-16).

Afirmando que a comunicação mediúnica não é real, o catolicismo, representado por um dos seus sacerdotes, está anatematizando a própria Bíblia, denominada de "*Sagrada*" pela Igreja.

Em "Atos dos Apóstolos", um discípulo chamado Ananias, em Damasco, vê o mestre Jesus e dialoga com Ele. O Cristo lhe outorga a missão de procurar por Paulo, dizendo-lhe: "*Vai, porque este é para mim um instrumento escolhido para levar o meu nome perante os gentios...*"(Capítulo 9, versículos 10 a 16).

Conforme se observa, Ananias era um exímio médium vidente e audiente. Através de suas faculdades medianímicas, foi incumbido por Jesus para uma tarefa grandiosa. Entrando na casa onde se encontrava Saulo, apelidado de Tarso, impôs sobre ele as suas mãos e o "convertido de Damasco" tornou a ver.

É possível constatar, também, em Ananias, a mediunidade da cura, retirando a cegueira de Saulo, através da aplicação de passes.

Lendo a Bíblia, utilizando a ótica do bom senso, os textos passam a ser bem entendidos e a lógica aparece aos olhos do observador.

O texto, citado acima, parece até uma descrição de fatos que acontecem dentro dos trabalhos práticos espíritas, onde a mediunidade recebe a devida atenção, já que seu exercício é, segundo relato religioso, "*um dos fatores mais atraentes do Espiritismo*".

Inobstante a afirmação inserida em "Por que não sou espírita?", de que o intercâmbio mediúnico é *aparente*, a Doutrina Espírita, em defesa da veracidade dos fatos bíblicos, atesta a realidade do Ser Extrafísico em contato permanente com o Mundo Físico.

O Evangelho de Lucas revela a visão presenciada por Zacarias, no interior do santuário do templo, quando um Mensageiro Espiritual, chamado Gabriel, aparece ao ancião, comunicando-lhe a notícia alvissareira da encarnação de um grande missionário em seu lar, um filho, a quem seria chamado de João.

A Entidade relata a Zacarias a respeito da elevada posição hierárquica do Espírito a encarnar (Lucas 1:14-15), revelando-o como o profeta Elias que teria de voltar, segundo uma profecia de Malaquias. Inclusive, Gabriel repete a mesma frase, dita por Malaquias, quando alude à reencarnação de Elias: "*E irá adiante dele no espírito e poder de Elias, para converter os corações dos pais aos filhos*" (Lucas 1:17 e Malaquias 4:5-6).

O arauto angelical Gabriel, descrito como "homem" por

Daniel (Daniel 9:12), é o mesmo ser desencarnado que aparece depois a Maria, anunciando-lhe o nascimento de Jesus.

Mais uma vez, o fenômeno mediúnico se destaca nessas passagens evangélicas. Ignorá-lo, é desconhecer a verdade absoluta que emerge dos textos bíblicos. Não reconhecê-lo, corresponde a não aceitar como verdadeiro "O Livro dos Livros". O reverendo Bettencourt, na *trevosa ação de inútil ceifador do Espiritismo, está também demolindo os alicerces de sua própria crença, negando a própria "palavra de Deus", a Bíblia, o "livro sagrado" do Clero.*

Embora o religioso tente contestar o intercâmbio mediúnico, na realidade, os meios de comunicação entre os habitantes do Além e a humanidade sempre estiveram abertos.

A manifestação do "Espírito", inobstante a descrença dos crentes das religiões dogmáticas, é confirmada no estudo sincero e descompromissado da Bíblia. O profeta Joel afirma que o "Espírito" seria derramado sobre toda a carne e afiança que os jovens terão visões (vidência), os velhos sonharão (projeção da consciência ou desdobramento) e os filhos profetizarão, isto é, serão portadores de uma mensagem espiritual. Relata o profeta que até os servos e as servas receberiam o "Espírito" (Livro de Joel 2:28-29).

É marcante, na revelação de Joel, que o exercício mediúnico pode ser utilizado também por pessoas destituídas de cultura (servos e servas).

Nosso querido Chico Xavier freqüentou os bancos escolares, cursando apenas o primário. As médiuns de ectoplasmia, Eusápia Paladino e Ana Prado, eram analfabetas e simples camponesas. Contudo, através deles, quantos incrédulos e negadores foram tocados, constatando a realidade do Mundo Espiritual, por meio do fenômeno mediúnico.

É preciso ressaltar que a palavra *profeta* se originou do grego "*profhit*", tendo o significado de "*através de*". Logo o profeta é alguém através de quem o mundo recebe uma revelação. Em outras palavras, é o ***intermediário*** entre aquele que dá a mensagem e os que a recebem.

Na Primeira Epístola de Pedro, capítulo um, versículo onze, está inserida a comprovação de que os profetas serviram de intérpretes da Espiritualidade Superior: "*O Espírito Jesus estava com os profetas*", como também a afirmação do Livro de Atos dos Apóstolos, capítulo sete, versículo cinqüenta e três: "*Os profetas receberam a lei por ministério de anjos*", ou seja, *através de mensageiros espirituais.*

Os profetas eram, portanto, médiuns, dotados, principalmente, da mediunidade da Psicofonia ou Incorporação.

No Antigo Testamento, no Livro de Números, capítulo onze, versículo dezessete, há o relato do desenvolvimento mediúnico de setenta anciãos, realizado por Moisés, perante a tenda da congregação: "*...tirarei do espírito que está sobre ti, e o porei sobre eles*". No versículo vinte e cinco: "*...quando o espírito repousou sobre eles, profetizaram...*"

É importante mencionar o fato de que dois anciãos, Eldade e Medade, que se encontravam no arraial, fora da corrente mediúnica, também foram mediunizados de súbito (Números 11:26).

Em Livro dos Atos, capítulo onze, versículo quinze, o apóstolo Pedro descreve que o ímpio Cornélio e seus três servos foram mediunizados por Espíritos Superiores ou "Santos Espíritos", "*caiu o Espírito Santo sobre eles*". O discípulo, vendo os quatro romanos ostentando também o dom mediúnico, lembrou-se da palavra do Mestre: "João, na verdade, batizou com água, mas vós sereis batizados com o Espírito Santo" (Atos 11:16).

Em realidade, o fato realmente aconteceu, primeiramente, no chamado "dia de Pentecoste". Constituiu-se no mais expressivo fenômeno mediúnico de todos os tempos. Os discípulos, até então, indecisos e medrosos, após serem outorgados com a mediunidade psicofônica, foram possuídos por uma exuberante coragem, a ponto de proclamarem o Evangelho, sem temor, enfrentando bravamente os açoites, as perseguições e a prisão (Atos-Capítulo 2)

Uma verdadeira revolução espiritual se verificou, através da mediunidade da Incorporação, em Pentecoste: o Cristo, desde então, *passou a estar em espírito com os Seus apóstolos.*

Abjurando o fenômeno mediúnico, os religiosos dogmáticos põem por terra a verdade que liberta, emanada dos textos bíblicos, lidos pela ótica do raciocínio e da honestidade.

Ao mesmo tempo, os dons mediúnicos podem também ser exercidos por pessoas ainda ignorantes da lei do amor. O Livro de Atos aborda a incorporação de um espírito inferior, mistificador, em uma jovem que utilizava a sua mediunidade para fins lucrativos. A Entidade clama que Paulo e demais apóstolos são "*servos do Deus Altíssimo e anunciam o caminho da salvação*" (Atos 16:17).

Percebendo que o intuito do Ser Extrafísico era o de perturbar a sua pregação, Paulo, "*já indignado, voltando-se, disse ao Espírito: Em nome de Jesus Cristo eu te mando: retira-te dela*" (Atos 16:18).

É deveras lamentável que se negue o intercâmbio mediúnico, na passagem citada acima, alegando-se que a Entidade ainda inferior seja o diabo, um ser criado à parte na Criação. Não se deve ignorar que Deus é Amor (1-João 4:8) e, através da evolução, proporcionada pela pluralidade das existências, o Ser que ainda não optou pela luz encontrará o rumo certo.

A idéia de alguém que viva eternamente no mal desacredita a bondade e a Justiça de Deus que não pune um filho por toda a eternidade.

Quanto ao fato de Espíritos inferiores, ainda não esclarecidos, poderem se comunicar, é preciso esclarecer que *nem sempre mediunismo é Doutrina Espírita*. Os profitentes da "Terceira Revelação Divina" seguem, com muita vigilância e atenção, o ensinamento de João: "Amados, não deis crédito a qualquer espírito: antes, provai os espíritos se procedem de Deus" (1ª Epístola 4:1).

Um único texto do Novo Testamento põe por terra a afirmação do clérigo de que não há comunicação de Espíritos. O ensinamento de João é bem claro: existem Seres esclarecidos ("provêm de Deus") e Seres inferiores ("não dêem crédito...").

É muito triste que, em respeito a dogmas, a orientações essencialmente humanas e falhas, ainda se mantenha, em nossa época, a determinação de se rejeitar o intercâmbio mediúnico. Sua realidade é mais uma prova da bondade e da misericórdia do Amoroso Pai, dando-nos a segurança de que os nossos mortos vivem e, com certeza, estão à nossa espera. Deus é verdadeiramente Amor, como relata o apóstolo João (1ª Epístola 4:8).

Na escola de Tirano, na Ásia, o discípulo Paulo se deparou

com indivíduos que se intitulavam exorcistas (eram sete pessoas, filhos de um judeu chamado Ceva). Alguns possessos foram levados à sua presença e tentaram expulsar os Espíritos inferiores, invocando o nome de Jesus a quem Paulo pregava. Mas um dos seres não esclarecidos respondeu, através do obsidiado: "Conheço a Jesus e sei quem é Paulo; mas vós quem sois?" E, imediatamente, o possesso saltou sobre os exorcistas ambulantes, subjugando-os. Desnudos e feridos, os filhos do sumo sacerdote Ceva fugiram (Atos 19:8-20).

Mais uma vez, versículos bíblicos comprovam o fenômeno do intercâmbio mediúnico e ressaltam a importância da Codificação Kardequiana. Desobsessão é assunto sério. Nos Centros Espíritas, gratuitamente, são realizados trabalhos de esclarecimento e doutrinação a espíritos assaz ignorantes da realidade da evolução, que se processa dentro do Universo sem fim. Ligados a um passado já distante, se encontram apegados ainda à vingança, desconhecendo o ensinamento do Cristo: "Ai daqueles por quem vem o escândalo" (Lucas 17:1). Não há necessidade de se fazer justiça com as próprias mãos, desde que cada Ser encontrará o seu caminho, diante do infinito, e as cruzes, que porventura carregar, serão necessárias ao seu despertamento. Portanto, não há necessidades de se infligir castigos a outrem. A própria lei divina funciona nos refolhos mais íntimos da criatura.

Não admitindo a existência dos que habitam o Além, muitas oportunidades de esclarecimento, de solidariedade, de ajuda a Espíritos encarnados e desencarnados, deixam de ser exercidas. Ainda há tempo, para os negadores dogmáticos da sobrevivência e da possibilidade da comunicação com o Mundo Extrafísico mudarem de atitude, de ponto de vista, e seguirem, em espírito e em verdade, o querido Mestre.

Em Éfeso, Paulo desenvolveu a mediunidade dos discípulos que já tinham sido batizados por João Batista: "*Impondo-lhes as mãos, veio sobre ele o Espírito Santo*" (falange constituída de Espíritos Superiores ou "Santos" com a missão de ajudar na implantação do Evangelho na Terra). O texto é bem claro: "*e tanto falavam em línguas como profetizavam*" (Atos 19:1-7).

Embora o dogmatismo afirme o contrário, nada explicando, a Doutrina Espírita, sendo o Consolador prometido por Jesus à humanidade, ensina a que "falar em línguas" corresponde ao singular fenômeno mediúnico da psicofonia ou incorporação denominado *xenoglossia.* O intermediário, nada sabendo de um determinado idioma estrangeiro, em transe mediúnico, discorre fluentemente uma mensagem, em língua estranha que não é do seu conhecimento. Assim aconteceu no dia de Pentecoste, com todos os discípulos do Cristo.

Infelizmente, negadores zombeteiros atribuíram o extraordinário fato a uma possível intoxicação alcoólica, dizendo que os trabalhadores do Mestre estavam embriagados, cheios de vinho doce.

Na minha vida profissional, há vinte anos trabalhando, como médico de serviço de Urgência, atendendo a inúmeros pacientes alcoolizados, nunca presenciei algum deles se expressando em língua estrangeira.

Lamento que ainda existam adversários da luz e da verdade, principalmente, entre aqueles que se dizem representantes religiosos de Jesus, na Terra.

O autor católico, em sua infeliz obra "Por que não sou espírita?", relata, com impropriedade, que "os '*espíritos desencarnados*' *parecem acompanhar os vivos*". Inclusive aspeia *espíritos desencarnados,* como se pudesse, por meio de aspas, obstruir a intensa luz que emerge a verdadeira Vida, a Pátria Espiritual.

Na realidade, o prelado, afirmando a heresia de que os *desencarnados parecem acompanhar os vivos,* está fornecendo um atestado de repúdio às letras bíblicas. Afinal, *que estavam fazendo, em um alto monte, os Espíritos desencarnados, Elias e Moisés, materializados, acompanhando os "vivos" que lá estavam, representados por Jesus, Pedro, Tiago e João?*

Se os irmãos dogmáticos desconhecem o fato, trago-lhes as referências: *Mateus 17:3, Marcos 9:4 e Lucas 9:20.*

A *propósito, tenho ainda outras abordagens bíblicas, a serem digeridas por todos aqueles que negam a presença dos desencarnados, acompanhando os "vivos":*

1- Após a transfiguração de Jesus e já aparecendo, materializados, dois grandes vultos do Antigo Testamento, Moisés e Elias, deveriam estar os apóstolos Pedro, Tiago e João, bem acordados, e sem dúvidas, tensos, devido a grande quantidade de adrenalina circulante em seus corpos. Contudo, para tristeza dos que negam o fenômeno mediúnico e para gáudio dos espíritas, o evangelista Lucas diz que "*Pedro e seus companheiros achavam-se premidos de sono*" (Lucas 9:32). *Por que estavam **adormecidos?;***

2- No Primeiro livro de Reis, há também uma descrição bem expressiva, em relação ao tema. O profeta Elias achava-se em fuga, porquanto estava jurado de morte pelo assassínio dos profetas de Baal. Depois de uma longa caminhada pelo deserto, assentou-se debaixo de um arbusto. "Deitou-se, e ***dormiu*** debaixo do zimbro" (1 Reis 19:5). Um Mensageiro Espiritual, materializado, toca-o e lhe diz: "*Levanta-te e coma*". A sua frente, se encontravam, materializados, um pão cozido sobre pedras e uma botija de água. Após ter comido e bebido, voltou a *dormir.*

Após algum tempo, ressurge novamente, materializado, o Ser Espiritual, tocando outra outra vez em Elias, mandando-lhe comer e beber. A seguir, ordenou-lhe a partida (1 Reis 19:6-8).

Por que dou tanta importância ao fato de Elias estar adormecido, antes da chegada do Espírito materializado?;

3- No livro de Atos dos Apóstolos, encontra-se a informação de que Pedro se achava aprisionado, à mando de Herodes, ***dormindo*** na prisão, entre dois soldados, acorrentado com duas candeias. Eis, porém, que surge uma Entidade Espiritual, materializada, e a cela apresenta-se totalmente iluminada. O Ser Extrafísico, tocando o lado de Pedro; o *desperta* e lhe diz: "Levanta-te depressa. Cinge-te, e calça as tuas sandálias. Põe a tua capa, e segue-me" (Atos 12:5-8).

A seguir o evangelista Lucas cita duas referências a Pedro que, "para os que não têm ouvidos para ouvir", parecem ser enigmáticas: "Pedro *não sabia o que era real,* o que se fazia por meio do Anjo ou Mensageiro Espiritual; *parecia-lhe uma visão*" (Atos 12:9). "Então, Pedro, *caindo em si...*" (Atos 12:11).

Por que grifei Pedro *dormindo* no cárcere?

Qual a explicação para as *impressões vivenciadas pelo apóstolo já fora da cela?*

4- O fato a seguir ocorreu com Paulo e Silas, açoitados e presos. Os valorosos discípulos de Jesus se encontravam no cárcere, com os pés presos a um tronco.

"Por volta da meia-noite, Paulo e Silas oravam e cantavam louvores a Deus... De repente sobreveio tamanho terremoto, que sacudiu os alicerces da prisão; abriram-se todas as portas; soltaram-se as cadeias de todos" (Atos 16:23-26).

No outro versículo, está uma afirmação assaz claríssima para o entendimento espírita: "*O carcereiro despertou do sono*" (Atos 16:27).

Por que mais uma vez foi ressaltado o fato de alguém estar *dormindo*?

Por que os textos ressaltam alguém estar *adormecido*, num momento tão importante como o da materialização de Espíritos?

Sem dúvida, a palavra autorizada do Consolador surge à nossa frente. O Mestre não nos deixou órfãos, já que a Revelação Espírita, com o beneplácito da ciência, vem esclarecer a todos a respeito da Ectoplasmia e responder as questões por mim formuladas.

O Espiritismo ensina que tanto no fenômeno da *Materialização*, como no de *Efeitos Físicos*, há o aproveitamento de uma substância, eliminada por um médium, *adormecido*, denominada *ectoplasma*. Na Materialização, o Ser desencarnado se apresenta visível e tangível, devido a impregnação da sua vestimenta espiritual pelo ectoplasma, cedido por um sensitivo, acrescido dos que se formam dos participantes da reunião ou, até mesmo, da natureza.

A produção de Efeitos Físicos é realizada, graças a uma condensação de ectoplasma, dando ensejo à produção de pancadas, ruídos, voz direta e sematologia.

Tanto nos fenômenos de Efeitos Físicos, quanto na Materialização, há necessidade da presença de um médium que tenha a faculdade de liberar substância essencial à realização do fenômeno da ectoplasmia.

O sensitivo recolhe-se a uma cabine escura onde se deita e, profundamente *adormecido*, exterioriza-se o ectoplasma por diversos orifícios do corpo, principalmente, da boca e das narinas.

Os protagonistas dos exemplos bíblicos, citados anteriormente, grafados por estarem *adormecidos*, em verdade, foram responsáveis pelos fenômenos ocorridos.

Elias foi um grande médium de ectoplasmia, já tendo sido demonstrada sua mediunidade, por ocasião dos efeitos físicos acontecidos na demanda com os profetas de Baal, quando fez cair fogo do céu (Combustão Espontânea).

Nota-se que o profeta, levando ao extremo seu zelo religioso, após ser o personagem principal do fenômeno mediúnico, levou os profetas de Baal ao Ribeiro de Quisson e ali os degolou (1 Reis 18:38-40). Isso lhe valeu mais tarde a terrível expiação que sofreu como João Batista. *A reencarnação de Elias como João Batista, NÃO ACEITA PELAS RELIGIÕES TRADICIONAIS, FOI ANUNCIADA POR JESUS,* ensinando: "*Por que todos os profetas e a lei profetizaram até João. E, SE O QUEREIS RECONHECER, ELE MESMO É ELIAS, QUE ESTAVA PARA VIR. Quem tem ouvidos, ouça*" (Mateus 11:13-14).

"*EU, PORÉM, VOS DECLARO QUE ELIAS JÁ VEIO, E NÃO O RECONHECERAM, ANTES FIZERAM COM ELE TUDO QUANTO QUISERAM... Então os discípulos ENTENDERAM, QUE LHES FALARA A RESPEITO DE JOÃO BATISTA (Mateus 17:12-13).*

Foi também Elias que permitiu a materialização do pão e da água, ingeridos de fato pelo profeta (1 Reis 19:8).

No "Monte da Transfiguração", os apóstolos Pedro, Tiago e João serviram-se de médiuns, cedendo ectoplasma para a materialização de Moisés e Elias. Daí o fato de estarem "*premidos de sono*".

O fato acontecido com Pedro foi semelhante ao ocorrido com Elias. Estava *dormindo,* em transe profundo, cedendo ectoplasma, proporcionando a aparição tangível de um Arauto Espiritual que, inclusive, toca em Pedro, acordando-o.

Ao sair da prisão, o discípulo acompanhava o Espírito, pensando ter uma visão, isto é, acreditando-se fora do corpo físico, em desdobramento ou projeção da consciência. Estava realmente confuso, o que vem confirmar que estava acordando de um transe profundo. Essa hipótese é real, porquanto o apóstolo já sozinho, "caiu em si", isto é, estava compreendendo o que se passava, achando-se inteiramente lúcido (Atos 12:11).

Em relação a Paulo e Silas, curiosamente, era o carcereiro, o médium de ectoplasmia. Daí o texto ser bem claro: "*O carcereiro despertou do sono*". Para os que já têm "OLHOS DE VER" e "OUVIDOS DE OUVIR" é perfeitamente entendida a mensagem, um tanto enigmática da Bíblia, em que nos fenômenos de materialização e de efeitos físicos descreve-se sempre alguém adormecido.

Os fatos mediúnicos são autênticos e, em "O Livro dos Livros", são encontrados a mancheias.

O prelado cita os "aparentes" fenômenos do "copo falante", da psicografia e das casas mal-assombradas.

A Sematologia resume-se na movimentação de objetos mediante a ação dos Espíritos sobre a matéria inerte.

Talvez o padre desconheça que, na Bíblia, existe uma referência à prática da mediunidade do copo. É encontrada, no Livro de Gênesis, capítulo 44, versículo 5: O undécimo filho de Jacó e o mais velho de Raquel, José, personagem ilustre do Antigo Testamento, *utilizou "o copo, em que bebia, para fazer adivinhações*".

Na Sociedade Pró-Livro Espírita em Braille (SPLEB), tive a oportunidade de presenciar várias reuniões de Sematologia. Alguns parapsicólogos relatam que o fenômeno é causado pela ação do "inconsciente dos sensitivos". Pois bem, os médiuns que estavam em ação, movendo o copo, eram todos cegos, botando por terra as razões materialistas para o processo da Sematologia.

Quanto à Psicografia, há relatos e comprovações científicas abundantes dos trabalhos desempenhados por Francisco Cândido Xavier, Divaldo Pereira Franco, Mirabelli e muitos outros. Inclusive, mensagens celeremente escritas, no papel, em idioma estrangeiro não conhecido pelo médium. Algumas comunicações apresentando-se com as palavras dispostas de trás para a frente, podendo somente ser lidas ao espelho. Outras, sendo encerradas com a mesma assinatura que o "morto" tinha em vida.

Em relação ao fenômeno de "Poltergeist", existem, amiúde, pesquisas científicas atestando a presença de Espíritos do Além agindo no ambiente, utilizando a energia ectoplásmica de um médium.

Na Bíblia, "Livro Sagrado" dos católicos, está a solene menção de que ao expirar Jesus, no Gólgota, "*o véu do santuário se rasgou em duas partes, de alto a baixo: tremeu a terra, fenderam-se rochas*"(Mateus 27:50-51). Ao mesmo tempo apareceram *materializados, em Jerusalém, muitos Espíritos* (Mateus 27:52-53).

É necessário frisar que o "véu do templo" tinha uma transcendental importância, já que ocultava o tabernáculo com a arca da aliança. Era descerrado apenas uma vez por ano pelo sumo sacerdote e se encontrava em local de difícil acesso. Nem mesmo o próprio tetrarca Herodes podia penetrá-lo. Mãos invisíveis lograram rasgá-lo.

Provavelmente todos os fenômenos de efeitos físicos, acontecidos logo após a desencarnação de Jesus, foram produzidos pela abundância de ectoplasma exteriorizado do corpo do Cristo.

Na Bíblia, há muitos relatos de fatos mediúnicos de Efeitos Físicos: portas que se abrem (Atos 5:19, Atos 16:26); algemas que se soltam (Atos 12:7 e Atos 16:26); tremor de terra (Atos 16:26 e Mateus 27:51); escritura na parede (Daniel 5:5); vento impetuoso (Atos 2:2), confirmando toda a fenomenologia verificada no Espiritismo.

Negando, a priori, a comunicação mediúnica, tachando-a de "aparente" e dizendo que os Espíritos "*parecem* acompanhar os vivos", o opúsculo católico, com grande infelicidade, DESMERECE E ANATEMATIZA o "Livro Sagrado" de sua religião.

Continua o clérigo, no ataque sistemático à Doutrina Espírita: "Ora, a explicação desses fenômenos por intervenção de espíritos do além podia ter crédito nos tempos de Allan Kardec (1804-1869). Hoje, porém, o estudo do psiquismo humano mostra que todos os fenômenos ditos "de mediunidade" são meras expressões do psiquismo do médium e de seus assistentes. Com efeito, a parapsicologia ensina que temos 7/8 de nossos conhecimentos (adquiridos desde a infância) em nosso inconsciente; usamos apenas 1/8 daquilo que sabemos. Ora, por efeito da sugestão, essas noções latentes sobem à consciência do indivíduo e lhe possibilitam manifestações que parecem estranhas, oriundas do além, quando na verdade são apenas expressões daquilo que a pessoa viu, ouviu, sentiu no decorrer da sua vida presente".

Parece-me bem infantil e desatualizada essa afirmação do prelado. Espero que esse pensamento tenha por base a ignorância, desde que um grande compromisso espiritual é assumido no momento em que se profere conscientemente um julgamento falso.

A mediunidade sempre foi alvo do estudo da ciência. Inúmeros pesquisadores de alta notoriedade investigaram, durante longos anos, os fenômenos mediúnicos e testemunharam a autenticidade das comunicações espíritas, e que, de maneira nenhuma, são "meras expressões do psiquismo de um médium..."

De início, quase todos os experimentadores eram descrentes da realidade da manifestação dos Espíritos; contudo, o resultado das suas pesquisas os levou a um mergulho completo nas águas do Espiritismo.

Já nos seus primórdios, a Doutrina Espírita foi submetida a análises severas por cientistas respeitáveis. O célebre professor da Universidade da Pennsylvania, Robert Hare, publica, em 1856, o livro intitulado "Experimental Investigation of the Spirit Manifestation", onde afirma categoricamente contra a sua expectativa inicial a realidade da presença dos Seres Extracorpóreos, comunicando-se com os homens.

O sábio americano Robert Dale Owen, em 1877, lança a obra "Footfalls on the Boundary of Another World", proclamando a certeza da sobrevivência do Ser após a morte.

Willian Crooks, o descobridor do tálio e Prêmio Nobel de Química (1907), uma das maiores autoridades científicas da Inglaterra, em sua época, analisou as mesas girantes e o fenômeno da ectoplasmia, com a médium Florence Cook, chegando à verdade espírita.

Em 1876, o afamado homem de ciências escreveu: "Não digo que isso seja possível, mas sim que isso é real".

Alguns anos antes, em 1869, a Sociedade Dialética de Londres, nomeou uma Comissão, constituída de nomes de renome na área científica, para acabar de vez com o "Modern Spiritualism". Após 18 meses de árido trabalho, o relatório final atestou a comprovação do fato mediúnico.

Um dos componentes da "Comissão", o grande naturalista e colaborador de Darwin, Alfred Russel Wallace, apaixonou-se pelos fenômenos mediúnicos, após sensível resistência, vencido pelas evidências . Em um Livro: "Miracles and Modern Spiritualism", faz apologia da presença do Mundo Espiritual na gênese do processo paranormal.

Outro eminente membro da "Comissão", o professor Auguste de Morgan, presidente da Sociedade Matemática de Londres, também se tornou um entusiasta propagador da realidade da presença do Espírito, sobrevivendo à morte, dando a lume a obra "From Matter to Spirit", onde prova a imortalidade da alma.

Ainda na Inglaterra, cientistas de escol, como o professor Oxon da Universidade de Oxford, o Sr. Barkas, membro da Sociedade de Geologia de Newcastle, o célebre conferencista, Dr. George Sexton e um outro sábio, o Dr.Chambers, foram conduzidos à convicção da presença do Espírito, após exaustivas e rigorosas pesquisas realizadas.

O professor Oxon publicou o livro "Spirit Teachings", após estudar, durante um lustro, o fenômeno da escrita mediúnica direta, sem intervenção do sensitivo ou médium.

O Sr. Barkas deixou suas impressões, na obra "Outlines of Investigation into Modern Spiritualism", provando as teses espíritas.

O Dr. Chambers também deixou à posteridade a certeza da intervenção dos espíritos, estampada no "Spiritual Magazine".

Dignas de menção as experiências científicas inglesas, ressaltando, em suas pesquisas, a etiologia espiritual, comprovada pelos sábios Myers, Gurney, Podmore e Lodge.

Não se pode esquecer de ressaltar que o Espiritismo foi codificado por um cientista francês, o Prof. Hippolyte Léon Denizart Rivail, utilizando o pseudônimo de Allan Kardec.

Na terra do Mestre Lionês, muitas inteligências analisaram o fenômeno mediúnico e se tornaram espíritas. Cito, com muita propriedade, o escritor Victor Hugo, o célebre astrônomo Camille Flammarion, o famoso poeta Théophile Gautier, o dicionarista Maurice Lachâtre e o laureado membro da Academia de Medicina, Dr. Paul Gibier.

Na Alemanha, um notório sábio, o Dr. Kerner, teve a oportunidade de desvendar a verdade espírita, fazendo pesquisa com a Srª Hauffe , conhecida como "vidente de Prévorst". Merece citação também, o eminente astrônomo Zöllner, professor da Universidade de Leipzig, analisando os fenômenos ocorridos, através do médium Slade. Outros sábios alemães, como o fisiologista Weber, Fechner e Ulrici, investigaram os fenômenos paranormais e proclamaram a veracidade espírita.

Na Rússia, o professor Butlerof e Alexander Aksakof se destacaram na defesa da Doutrina Espírita; enquanto que, em solo italiano, sobressaíram-se o professor Chiaia, pesquisando a médium Eusápia Paladino e aquele que foi inicialmente céptico, tornando-se depois um grande propagador do Espiritismo, o célebre criminalista César Lombroso.

Todos os pesquisadores citados foram unânimes em creditar às Inteligências Extracorpóreas a mecânica do processo mediúnico.

O fenômeno das mesas girantes era atribuído pelos descrentes, de início, aos movimentos inconscientes dos participantes. Com a persistência da ação espiritual, estando os médiuns distantes da mesa, os niilistas alegaram que a mesa obrava, através da transmissão do pensamento de um ou mais assistentes, negando a presença de entes espirituais.

Com a generalização do processo e abundância de mensagens, os cientistas puderam averiguar que muitas comunicações eram destinadas a eles e não havia de sua parte qualquer tipo de pensamento ligado ao teor delas. Muitas vezes obtiveram nomes de parentes falecidos, em quem não pensavam naquele instante. Até mesmo os locais onde morreram eram descritos.

Ao mesmo tempo, tiveram a certeza de que as pancadas que a mesa provocava não podiam ser dependentes da vontade dos assistentes.

Em algumas ocasiões, os nomes dos desencarnados, ligados aos cientistas, apareciam às avessas, trazendo perplexidade a todos os participantes da reunião, inclusive à médium responsável pelos trabalhos.

A evidência da participação de Seres Ultraterrenos é bem significativa nos fenômenos mediúnicos. Basta ao perquiridor, primeiramente, ser honesto, depois se dedicar avidamente às pesquisas e, certamente, constatará a realidade da existência da Inteligência Extracorpórea.

Infelizmente, o analista que está preso às teias dogmáticas das religiões tradicionais ou se apresenta como um ferrenho agnóstico, tentará, por diversos meios, utilizando os mais absurdos sofismas, negar a presença da Individualidade Espiritual como causa inteligente do fenômeno paranormal.

Em nosso século, homens, também sérios e escrupulosos, estudaram os fenômenos mediúnicos. Um deles foi o conceituado fisiologista francês, Charles Richet, professor da Sorbonne, prêmio Nobel de Medicina, em 1913. O eminente homem de ciência criou a "Metapsíquica", com o objetivo de pesquisar os fenômenos denominados "paranormais".

Em seu último livro "A Grande Esperança" (1932), Richet faz apenas algumas considerações a favor das teses espíritas, talvez temendo ser ridicularizado pelos pseudosábios, os obscurantistas da ciência, como os que xingaram o prof. Crawford (catedrático de Mecânica em Belfast) de imbecil, por ter revelado, através de sérias pesquisas, a mecânica das alavancas de ectoplasma. O sábio William Crookes sofreu, intensamente na carne, por ter assumido publicamente a realidade do Espírito imortal, sobrevivendo à morte. Foi tachado de velho decrépito e acusado de ser apaixonado pela médium Florence, a qual o teria iludido nas pesquisas.

É importante frisar que, de forma alguma, é desmerecedor para a Ciência reconhecer a presença da Individualidade Espiritual, como fator etiológico dos fenômenos ditos paranormais. Afirmou Einstein que "*a Ciência sem a religião é cega, a religião sem a Ciência é coxa*".

Em "O Evangelho Segundo o Espiritismo", capítulo 1, versículo 8, está contida uma grande mensagem, anelando a Ciência com o aspecto religioso:

— "A Ciência e a Religião são as duas alavancas da inteligência humana. Uma revela as leis do mundo material e a outra as leis do mundo moral. Mas aquelas e estas leis, tendo o mesmo princípio, que é Deus, não podem contradizer-se. Se umas forem a negação das outras, umas estarão necessariamente erradas e as outra certas, porque Deus não pode querer destruir a sua própria obra. A incompatibilidade, que se acredita existir entre essas duas ordens de idéias, provém de uma falha de observação, e do excesso de exclusivismo de uma e de outra parte. Disso resulta um conflito, que originou a incredulidade e a intolerância...

— "Mas nisto, como em tudo, há os que ficam retardados,

até que sejam arrastados pelo movimento geral, que os esmagará, se quiserem resistir em vez de se entregarem. É toda uma revolução moral que se realiza neste momento, sob a ação dos Espíritos. Depois de elaborada durante mais de dezoito séculos ela chega ao momento de eclosão, e marcará uma nova era da humanidade. São fáceis de prever as suas conseqüências: ela deve produzir inevitáveis modificações nas relações sociais, contra o que ninguém poderá opor-se, porque elas estão nos desígnios de Deus e são o resultado da lei do progresso, que é uma lei de Deus"(Editora FEB, pgs. 57 e 58).

A Ciência, sem a moral, pode levar a destruição até do próprio homem. A religião, sem a Ciência, se resume em fé não raciocinada, apegada a dogmas e a conceitos puramente humanos, sem base lógica, calcada no obscurantismo, na superstição e nos "milagres".

O pesquisador Charles Richet, posteriormente, em missiva endereçada ao cientista Ernesto Bozzano, declara ter aceitado integralmente os postulados espíritas.

Em 1930, é criado, na Duke University (E.U.A.), um laboratório para investigar os fenômenos paranormais, iniciativa do psicólogo inglês Willian McDougall e sob a direção do biólogo Dr. Joseph Banks Rhine. Surge, então, a Parapsicologia.

O professor Rhine investigou minuciosamente o que se convencionou chamar de "*percepção extra-sensorial*". Denominou de *Funções PSI* ao processo mental que dá formação aos efeitos paranormais, classificando-os como *FENÔMENOS PSI* e dividindo--os em dois grupos distintos: *PSI-GAMA* (fenômenos subjetivos) e *PSI-KAPA* (fenômenos objetivos).

Com as experimentações de Rhine e colaboradores, chegou--se a uma evidência, já conhecida pela Ciência Espírita: fenômenos psíquicos de magnitude podem ser realizados por um sensitivo, sem o concurso de Inteligências do Mundo Extracorpóreo. O fato é conhecido como *Animismo:* O Espírito da própria pessoa encarnada é que opera, obrando por si mesma, sendo responsável pelos fenômenos que ocorrem.

É importante registrar que, agindo o Espírito com tanto poder e força, mesmo aprisionado num corpo físico, se pode aquilatar o que pode fazer livre completamente dos liames terrenos.

Daí ter Rhine chegado aos fenômenos, onde há manifestação indiscutível do Ser Espiritual. Para isso, foi obrigado a criar uma nova classificação: "*FENÔMENOS PSI-TETA*". O termo TETA, correspondente à 8ª letra do alfabeto grego, foi certamente escolhido, pela analogia com a palavra grega "Thanatos", significando morte.

Os FENÔMENOS PSI-TETA foram divididos em dois grupos:

1) "*TETA = PSI-GAMA*" = *Fenômenos subjetivos.*

2) "*TETA = PSI-KAPA*" = *Fenômenos objetivos* (efeitos físicos).

A esposa de Rhine, Drª Louise Rhine, também pesquisadora dos fenômenos paranormais, em seu livro "*Canais Ocultos da Mente*", relata que, em muitos casos analisados, "*tornou-se impossível qualquer explicação além de uma presença extrafísica*".

Dr. Hernani Guimarães Andrade, parapsicólogo radicado em São Paulo, em sua obra "*Parapsicologia Experimental*", *afirma que "a Parapsicologia, agora, ocupa um lugar mais sólido na Ciência e vem sendo objeto da preocupação de eminentes sábios... Tudo indica que iniciamos, com a Parapsicologia, a fabulosa Era do Espírito (pgs. 20 e 21).*

O saudoso Herculano Pires, afamado parapsicólogo, em "Parapsicologia Hoje e Amanhã"/Edicel, diz o seguinte "até agora as pesquisas parapsicológicas nada provaram contra o Espiritismo. Pelo *contrário, elas só têm confirmado, passo a passo, a Doutrina Espírita em seu aspecto científico*" (pag. 204). Aliás, o próprio Rhine, o Pai da Parapsicologia, na obra "*Novas Fronteiras da Mente*", à pag. 176, afirma: "O que, até então, descobrimos nas pesquisas atinentes à percepção extra-sensorial *seria, pelo menos, favorável à possibilidade da sobrevivência do indivíduo depois da morte,* isto é, tal sobrevivência importaria, naturalmente, numa existência sem os órgãos dos sentidos, sem sistema nervoso e sem cérebro. O fenômeno da percepção telepática talvez proporcionasse base teórica para a comunhão que se supõe possa obter nesse estado".

Portanto, ontem e hoje, sábios de renome explicam que muitos fenômenos "ditos de mediunidade" são realmente explicados pela intervenção de Espíritos do Além.

Hodiernamente, pesquisadores das vozes paranormais, sem alguma relação com a Doutrina codificada por Kardec, vêm confirmar a presença dos Seres Espirituais, atuando nos aparelhos eletrônicos.

Tudo começou pra valer com Frederich Juergenson, efetivamente o grande descobridor do "Fenômeno da Voz", na Suécia, na década de cinqüenta. Esse experimentador chegou à conclusão de que as vozes provinham dos chamados mortos, tendo escrito dois livros a respeito do assunto, um deles conhecido no Brasil: "Telefone para o Além".

Depois surgiram outros pesquisadores, como o psicólogo Konstantin Raudive, na Alemanha, em 1968, e, posteriormente, o psicólogo e professor de Educação Moral e Religiosa, Peter Bander. Este, aderiu ao experimento, ao ouvir a voz nítida de sua genitora, numa gravação realizada pelo editor de livros, Colin Smythe.

O título do livro de Konstantin Raudive é "Breakthrough", significando "Entrada numa Nova Dimensão". E o de Peter Bander, "Os Espíritos comunicam-se por Gravadores", foi editado no Brasil pela Edicel (Editora Cultural Espírita Ltda.), São Paulo.

Ainda estava o mundo científico abalado e surpreso com as comunicações dos Espíritos através de gravadores, quando surge a notícia de que, nos Estados Unidos da América, o engenheiro George William Meek se comunica com os mortos através de aparelhagem eletrônica denominada Spiricom, em 1971.

O Dr. Hernani Guimarães Andrade informa na Revista Internacional de Espiritismo, de fevereiro de 1989, que o técnico de eletrônica William John O'Neil, em 1977, após inúmeras tentativas, conseguiu travar contato com o espírito Doe Nick, que disse ser um médico americano, falecido em 1973. Em 1978, outro espírito, George Jeffries Muelier, identifica-se como doutor em Física e, juntamente com John O'Neil, aperfeiçoou o sistema montado anteriormente e denominado Spiricom-Mark III. O resultado foi vinte horas de conversação em dois sentidos. A este novo aparelho deu-se o nome de Spiricom Mark IV".

O engenheiro Meek é presidente fundador da "Meta-Science Foundation" e, segundo H.G. Andrade, "está se dedicando sobretudo a incentivar tais pesquisas no mundo todo e a manter grande número de interessados a par das mais recentes conquistas na área da transcomunicação.

Informa, também, o Dr. Hernani Andrade que, na Alemanha Ocidental, o cientista Klaus Schreiber (falecido em 08/01/1988) e seu assistente técnico Martin Winzel, conseguiram obter um considerável número de fotografias de imagens transmitidas do Plano Espiritual para cá. Schreiber e Wenzel receberam essas imagens por meio de aparelhos de TV, equipados com um sistema de 'feed-back'."

Continua o Dr. H. Andrade: "O diretor da Rádio Luxemburgo, Rainer Holbe, escreveu uma obra lançada pela editora Knaur de Munich sob o título 'Imagens do Distante Reino dos Mortos'. Este livro contém mais de duas dúzias de fotografias de pessoas falecidas e bem conhecidas, inclusive as fotos das esposas de Schreiber e Winzel, na cidade de Aachen, Alemanha Ocidental."

A escritora alemã, Hildegard Schäfer, acaba de lançar, em Paris, a obra "*Theorie et Pratique de la Transcommunication*" *(Teoria e Prática da Transcomunicação)*. A revista "Le Monde Inconnu" (Fev./93) a entrevistou (jornalista Roseli Ruther) e transcrevemos alguns trechos que foram publicados na "Folha Espírita"(Agosto de 1993):

RR:-"É exato que certas mensagens registradas comportam, em uma só frase, palavras de quatro ou cinco línguas diferentes?

H.S.: "É exato, o que prova ao menos que não se trata de emissões de rádio, onde um tal amálgama seria impensável.

R.R.: "Lado técnico: o que é um registro de vozes paranormais? De quais elementos a gente tem necessidade para realizá-lo?

H.S.: "Para um registro, utiliza-se um gravador. Nos primeiros anos de pesquisa, utilizou-se sobretudo os magnetofones. Mais tarde os gravadores tomaram a frente, tendo em vista que os outros não são mais fabricados. Não somente os gravadores têm um preço mais acessível, mas também suas propriedades técnicas são tão perfeitas que se obtém bons resultados.

R.R.: "Para nós as pesquisas são positivas?

H.S.: "As vozes paranormais provam a imortalidade da alma

e a realidade do Além. Certas pessoas, quando seu morto os chama pelo nome, ficam tão mudas que elas adotam uma outra atitude em relação à morte. Não se trata de fé, mas de certeza.

R.R.: "De fato nenhum de nós experimentou atingir as vozes. Elas vieram na direção de Friedrich Jürgenson, vindas de outro universo vibratório. É necessário estar sempre presente?

H.S.: "Não. Experimentadores em Dusseldorf tomavam chá em outra sala, evocando assuntos diversos. Durante esse tempo, num escritório vazio a fita girava. Descobriu-se que ela estava cheia de vozes. Parece que as pessoas do Além possuem uma onda própria e uma estação de matéria fina que lhes permite investir sobre nossas emissões de rádio. Elas dispõem de estações de emissoras.

R.R.: "A maior parte diz: 'Nós estamos vivos'. 'Nós estamos felizes'.

H.S.: "Tais mensagens livram um grande número de pessoas do medo da morte. É esse o objetivo delas: consolar aquele que chora, provar que existe o Outro Lado."

Realmente, *é digno de lamento e tristeza que um sacerdote, o qual deveria ser o primeiro a desfraldar a bandeira da esperança e da fé, tente solapar os alicerces da Doutrina Consoladora de Jesus, declarando que a mediunidade resulta "de noções latentes do inconsciente, que por efeito da sugestão sobem à Consciência"*.

Disse o nosso Querido Mestre Jesus que até as pedras clamarão (Lucas 19:40). Para fazer calar a todos os negadores da participação da Individualidade Espiritual, na gênese da fenomenologia paranormal, até os gravadores, computadores e aparelhos de televisão estão provando a vida no Além.

E agora? Será que a maquinaria eletrônica também tem inconsciente?

Certa feita, conversava com um colega de profissão, ateu confesso, a respeito da mediunidade. Desconsiderou todos os meus argumentos utilizados, até o momento em que lhe falei da Transcomunicação Instrumental. Fiz-lhe a seguinte pergunta: "— *Qual seria o seu parecer, ao participar da direção dos trabalhos de uma reunião de T.C.I., se ouvisse o seu nome gravado na fita?* Ele ficou algum tempo, emudecido, e depois respondeu-me: "*É...*

Aí não tem jeito, teria que acreditar... Afinal, depois que se apertar o botão REC (gravação), qualquer coisa que estivesse previamente gravada seria apagada".

Realmente, até um céptico se sente abalado com as experimentações científicas das vozes paranormais.

Importante ressaltar que todos os pesquisadores estrangeiros, voltados a esses trabalhos do "outro mundo", não são espíritas. O eminente cientista da T.C.I., Konstantin Raudive, já desencarnado, era católico apostólico-romano. O Prof. Gebhard Frei, da Sociedade Internacional da Parapsicologia Católica; o reverendo D. Valente, teólogo da cidade de São Paulo; o Arcebispo H.E. Cardinale, Núncio Apostólico da CEE, afirmaram, peremptoriamente, a procedência espiritual das vozes. Léo Schmid, sacerdote católico romano, em 1976, lança a obra "Wenn die Totenreden" (Quando os Mortos falam).

Em verdade, a vida não termina com a morte e nenhuma espécie de sofisma poderá contrapor-se à evidência da realidade espiritual revelada pela aparelhagem eletrônica. A morte da morte não é anunciada apenas nos arraiais espíritas, mas também nos frios laboratórios da Ciência.

Desde o primeiro momento em que os sábios se interessaram pelo estudo da paranormalidade, a presença dos mortos foi comprovada e eles estão cada vez mais vivos.

O Mestre Jesus afirmou para a humanidade de todas as épocas: "*Quanto à ressurreição dos mortos, não tendes lido o que Deus vos declarou:* Eu sou o Deus de Abraão, o Deus de Isaque e o Deus de Jacó. *Ele não é Deus de mortos, e, sim, de VIVOS*" *(Mateus 22:32).*

Outros campos de pesquisa, rigorosamente científicos, revelam a imortalidade da vida espiritual. Médicos como Raymond Moody, Elizabeth Kluber-Ross e George Ritchie, estudando o fenômeno da quase morte, em pacientes que sofreram parada cardíaca e coma, ouviram relatos de semelhança impressionante, inclusive encontros memoráveis dos doentes com entes queridos já falecidos. Mais uma vez a ciência está diante da imortalidade, da realidade do Além.

Inúmeros cientistas também se vêem diante do "sobrenatural", ouvindo pessoas moribundas, afirmando, em alguns momentos de lucidez, coisas que ignoravam. Tenho ciência de dois relatos também do conhecimento de alguns irmãos da SPLEB (Sociedade Pró-Livro Espírita em Braille). A Srª Elza Vilar contou que sua mãe durante o sono, passeava sempre com seu pai já desencarnado. A genitora era proprietária de uma fazenda que, em decorrência de sua doença, foi abandonada. O fato era inteiramente desconhecido pela doente, já que seu conhecimento lhe traria muita tristeza. Para espanto da Srª Elza, sua mãe lhe comunica, durante um tempo de recuperação fugaz dos sentidos, que seu companheiro a levou para visitar a propriedade rural e constatou que a mesma estava inteiramente estragada. O outro caso aconteceu com o Sr. Edmundo Vasques, portador de tumor cancerígeno pulmonar, que, num momento de acuidade mental, relata à sua esposa o encontro que teve em espírito com um familiar que lhe comunicou a morte acontecida há alguns dias atrás. O doente censurou a esposa por ter lhe negado a informação do decesso físico de seu querido parente. Aqui, estamos diante do fenômeno conhecido como "Out of body" ou Desdobramento ou Projeção da Consciência, vivenciado também pelos clinicamente mortos, que consiste numa espécie de "desencarnação parcial e provisória" da alma humana, ou seja, a consciência agindo fora do espaço físico. O Ser, através do seu veículo perispiritual, sai do corpo físico e se comunica com os chamados mortos. Abundantes relatos de desdobramento são citados na Bíblia e, também, comprovados pela Ciência. Na obra de minha autoria, "O Consolador Entre Nós" (Editora O Clarim), cito um encontro que tive com um amigo que me comunicava o seu passamento, acontecido há alguns dias atrás e, para mim, inteiramente desconhecido. A projeção astral contribui, sobremaneira, para que o homem se conscientize de que é imortal, um cidadão do Universo em busca da perfeição.

Em verdade, os mortos vivem. Os cientistas Banerjee, Ian Stevenson, Morris Netherton, Edith Fiore, Hernani Guimarães Andrade e muitos outros perceberam que a vida não começa no berço e nem termina na sepultura. Pesquisaram o fenômeno da recordação de vidas passadas ou memória extracerebral, o que pode ser obtido também com crianças que, espontaneamente, declaram lembrar-se de uma existência anterior; inclusive, fornecendo detalhes comprovados pelos cientistas. Alguns casos chegaram a centenas. Cientifico-me de um caso relatado por um médico, colega de profissão: Uma avó conversava com uma neta, quando foi chamada de mãe e recebeu a seguinte indagação: "Lembra o tempo que pescávamos siri na janela da cozinha da casa de praia?" A senhora quase desfaleceu de susto. A moradia, situada em cima de uma rocha à beira-mar, já tinha sido vendida há muitas décadas e a menor que a abordava tinha apenas quatro anos de idade. Preocupada em obter mais detalhes, a velha se viu diante de sua falecida filha que retornara *("Importa-vos nascer de novo" —Jesus)*, na atual existência como neta.

Realmente os "mortos" estão vivos e necessitam para seu aprimoramento evolutivo de muitas existências, não somente em nosso orbe, como também em outros mundos planetários, dentro do Universo Eterno: "*Na Casa de Meu Pai há muitas moradas*" (Jesus, em João 14:2).

Em 1950, o grande psicanalista Jung, entrevistado pela BBC, respondeu com muita propriedade a duas perguntas: O Sr. acredita em Deus? E sobre a morte? O insigne cientista do psiquismo afirmou: "*Eu não acredito em Deus, eu SEI.*" Quanto à morte, Jung disse: "*Eu não acredito que a mente humana morra porque está provado que a mente humana não conhece passado, nem presente, nem futuro; contudo, se ela pode prever acontecimentos futuros então ela está acima do tempo, não pode ficar trancafiada num corpo*". Na obra "Realidade da Alma", relata: "*A plenitude da vida exige algo mais que um ser; necessita de um espírito, isto é, um complexo independente e superior, único capaz de chamar à vida todas as possibilidades psíquicas que a Consciência-Ego não poderá alcançar por si*".

A presença de um corpo físico, constituído de trilhões de células, não pode ser fruto do acaso, desde que provém da junção do espermatozóide com o óvulo formando uma célula. Há necessidade de um molde, de um campo organizador biológico, que dá origem e direciona a diferenciação celular harmônica, proporcionando o aparecimento dos órgãos e sistemas do corpo humano.

Em verdade, o nosso corpo, exceto os neurônios, se renova totalmente em sete anos. Portanto, após sete anos, estamos com outro corpo, com outras células. Estamos mortos, mas não deixamos de viver, desde que as células morrem e se renovam. Na realidade, viver é morrer passo a passo.

É indiscutível que o ser continua a viver, mesmo após a morte. Com os trabalhos desempenhados, hodiernamente, por cientistas não espíritas com a Transcomunicação Instrumental, tenho a certeza de que muito breve o Espírito será descoberto pela ciência.

"Portanto a presença da Individualidade Espiritual, preexistindo ao corpo físico e sobrevivendo ao mesmo, não é mais apanágio das religiões. A própria ciência começa a dar os primeiros passos no sentido da descoberta da alma.

Chegará o momento, e está próximo, em que os "cientistas", diante das suas Sociedades, Associações e Academias, proclamarão a realidade do Espírito eterno.

Nesse instante, Jesus passará a reinar para sempre nos corações humanos, já que Ele é a prova da presença do Espírito e da sua sobrevivência no Além-Túmulo"*(O Consolador entre nós" Editora O Clarim - pg. 47)*.

Tentando inutilizar o trabalho de centenas de sábios que pesquisaram amiúde a mediunidade, chegando à conclusão da intervenção dos Espíritos, o religioso anuncia a hipotética explicação de que "*todos* os fenômenos mediúnicos são meras expressões do psiquismo do médium e de seus assistentes" e, concluindo o seu pensamento, diz que tudo resulta do "que a pessoa viu, ouviu e sentiu no decorrer da sua vida presente".

É bem significativo um fato mediúnico, tendo sido intermediário o querido Francisco Cândido Xavier, colocando em xeque a afirmação gratuita do prelado.

Um casal paulista, de origem judaica, participa de uma reunião pública, onde o médium psicografava mensagens de seres inteligentes do Mundo Espiritual.

Tendo perdido um filho, muito jovem,em condições trágicas, os pais acorreram ao Centro Espírita, no intuito de receberem a graça maravilhosa de uma comunicação do rapaz, atestando a sobrevivência da alma pós-túmulo.

Anônimos, se encontravam no recinto simples e humilde da casa, quando ouviram a voz do medianeiro, anunciando o nome do filho. Receberam do próprio punho do Chico, gratuitamente, sem dispenderem qualquer tipo de recurso monetário, uma folha onde estavam manuscritas palavras consoladoras, contendo o relato pormenorizado de como se deu o desprendimento do Espírito, após o acidente automobilístico, e o encontro memorável do Ser recém-desencarnado com seus parentes que o aguardavam no Mundo Espiritual.

A comunicação era rica em detalhes acontecidos na família e muitos nomes de familiares "mortos" e vivos lá estavam inseridos.

O "defunto", após se despedir dos seus pais, deixou estampado, na mensagem, o desenho de uma Estrela de David, onde se encontravam, nas pontas, nomes de pessoas em hebraico.

Os pais choraram de alegria, se abraçaram emocionadamente, irradiando felicidade pela prova palpável que recebiam da certeza da imortalidade do Espírito.

Voltando a São Paulo, todos os familiares se congratularam por tudo que o Espírito informava, congraçando a todos pela mensagem de fé e de amor transmitidas pelo jovem desencarnado, mantendo acesas as chamas da esperança e do amor. A morte aniquiliou o corpo; contudo, de forma nenhuma, a lembrança foi extinguida.

Uma dúvida, porém, acorreu a todos: E a estrela? O que significava? Qual a importância dos nomes que lá estavam mencionados?

Algum tempo transcorreu e o desenho ainda era uma incógnita para todos. Contudo, um dos irmãos do "morto" descobre, em um caderno escolar, pertencente ao "falecido", a estrela e os mesmos nomes em suas pontas.

O enigma foi solucionado pela professora que relatou serem rotineiros os tais desenhos na sala de aula. A estrela representava a mesa escolar e os nomes, em hebraico, eram dos colegas de turma que assentavam vizinhos ao jovem em tela.

Com apenas uma comunicação mediúnica, o médium Chico Xavier arrasa com a tese absurda do prelado, tentando negar a possibilidade da Individualidade Espiritual comunicar-se com os que ainda vivem sob o jugo de um corpo somático.

A psicografia, realizada pelo Chico Xavier, sofreu um estudo rigoroso de 13 anos, pelo Prof. Carlos Augusto Perandréa, da

Disciplina de Identificação Datiloscópica e Grafotécnica, do Departamento de Patologia, Legislação e Deontologia da Universidade Estadual de Londrina.

Trata-se de trabalho inédito no mundo, comprovando cientificamente a sobrevivência da mente após a morte do corpo físico.

O Prof. Perandréa, um "expert" em Grafoscopia, conseguiu provar, dentre outras, a autenticidade de uma comunicação mediúnica, fazendo uma análise pericial da grafia da escrita e da assinatura do Espírito comunicante, confrontando-as com peças gráficas do Espírito, antes do falecimento.

A divulgação das pesquisas do Prof. Perandréa foi feita, através de um livro intitulado "*A Psicografia à Luz da Grafoscopia*", publicado pela Editora Fé, enriquecido com um esplêndido prefácio do Dr. Hernani Guimarães Andrade, fundador do Instituto Brasileiro de Pesquisas Psicobiofísicas.

O autor relata que pesquisou dezenas de casos, "dando novas condições e meios para enriquecer a pesquisa, com resultantes cada vez mais positivas e esclarecedoras.

"Dentre os novos casos, destacam-se quatro mensagens no idioma italiano, psicografadas por Francisco Cândido Xavier, em Uberaba, e atribuídas ao espírito de Ilda Mascaro Saullo, falecida em Roma, em 20 de dezembro de 1977, após enfermidade de longos anos.

"Nas pesquisas iniciais, observou-se a predominância das características gráficas da escrita do médium no corpo das mensagens, enquanto nas assinaturas destacavam-se elementos gráficos voltados para a escrita padrão da pessoa quando em vida.

"No último caso citado, predominavam as características gráficas da escrita padrão da pessoa quando em vida, indicando para uma psicografia mecânica, ou semimecânica, com elementos gráficos suficientes para uma conclusão pericial técnica positiva."

Não resta dúvida de que o autor do opúsculo antiespírita está desatualizado. Seria conveniente e honesto que o sacerdote retificasse a sua posição, contrária à presença das pessoas já falecidas comunicando-se com os encarnados, já que suas teses não têm suporte nas experimentações científicas hodiernas.

É necessário frisar que o médium psicografou quatro

mensagens, no *idioma italiano, desconhecido para ele*. Ainda por cima, predominavam "*as características gráficas da escrita padrão da pessoa quando em vida...*"

Atribuir tudo isso ao inconsciente do Chico é lançar mão de "explicação paralela" ou "reducionista", argumento claramente inconsistente, ilógico, sem alguma razão sólida.

Uma comunicação, na qual o "morto" dá nomes, em grande quantidade, de parentes e amigos que lhe acompanham no Além, descreve fatos e locais totalmente ignorados pelo médium e muitas vezes desconhecidos pelos familiares encarnados, aborda detalhes íntimos, é, em verdade, inquestionável o fator espiritual.

Mais fácil se torna a comprovação espírita quando a ciência atesta por prova grafotécnica a autenticidade da mensagem de um Ser Extracorpóreo. Aceitar qualquer outra teoria não familiarizada com a doutrina codificada por Kardec é impossível.

Outro fenômeno mediúnico, digno de realce, tendo ocorrido também com Chico Xavier, merece ser citado, como uma prova irrefutável da sobrevivência do Espírito após o decesso corporal.

O livro "*Lealdade*", editado pelo Instituto de Difusão Espírita, de Hércio Marcos C. Arantes, além de relatar todos os pormenores de um expressivo caso, traz, estampada na página 18, a assinatura do "falecido", através do Chico, idêntica àquela inserida na Carteira de Identidade de Félix Pacheco, a qual portava quando "vivo".

Em 8 de maio de 1976, em Goiânia, Goiás, brincando com uma arma, o estudante José Divino Nunes, de 18 anos de idade, acertou, com um tiro, o seu amigo Maurício Garcez Henrique, de 15 anos, no tórax, desencarnando poucos minutos após.

Após o inquérito policial, a Promotoria de Goiânia apresentou denúncia, considerando o fato como homicídio doloso.

"O advogado de defesa, em suas Alegações Finais, expendeu entre outros, o seguinte argumento:

"(...)a vítima Maurício Garcez Henrique, desencarnado, envia mensagens de tolerância e magnitude espiritual, inocentando seu amigo José Divino e dizendo que ninguém teve culpa em seu caso, tudo através do médium Francisco Cândido Xavier, cuja autenticidade foi proclamada, inclusive, pelo corretíssimo representante do Ministério Público (fls. 170 e 185)."

Da Sentença de Absolvição, transcrevo os tópicos que interessam em relação à mediunidade:

"No desenrolar da instrução foram juntados aos autos recortes de jornal e uma mensagem espírita enviada pela vítima, através de Chico Xavier, em que, na mensagem enviada do Além, relata também o fato que originou sua morte".

"Temos que dar credibilidade à mensagem de fls. 170, embora na esfera jurídica ainda não mereceu nada igual, em que a própria vítima, após a sua morte, vem relatar e fornecer dados ao julgador para sentenciar."

"Na mensagem psicografada por Francisco Cândido Xavier, a vítima relata o fato e isenta de culpa o acusado. Fala da brincadeira com revólver e o disparo da arma."

O caso teve ampla repercussão no país e no exterior, desde que a mensagem psicográfica se constituiu em ponto fundamental da inocência do acusado tornando o fato inédito.

O juiz Orimar de Bastos, em 1980, já aposentado, foi entrevistado pelo jornal "Diário da Manhã". Dignas de menção as suas palavras, retiradas do livro "Lealdade": "Hoje, se não estivesse aposentado e me aparecessem casos idênticos, isto é, com mensagens psicografadas, eu não hesitaria em sentenciar quantas vezes fosse preciso, com base nelas, para absolver inocentes que são tidos como culpados nos autos".

O "falecido" enviou, através de Chico Xavier, onze mensagens com abundância de informações e de nomes. É preciso frisar que o medianeiro recebe dezenas de comunicações por sessão. Seria impossível o médium captar por telepatia o pensamento de dezenas de pessoas e, ainda por cima escrever em idiomas desconhecidos com caligrafias semelhantes e apor no papel as assinaturas idênticas àquelas que, em vida, os "mortos" tinham. É bem mais fácil acreditar em alma do outro mundo.

Muitos casos poderiam ser contados, através das faculdades medianímicas do Chico. Recomendo aos leitores que me acompanham, na refutação da obra "Por que não sou espírita?", a ler os livros "A Vida Triunfa", de Paulo Rossi Severino e Equipe AME-SP, Editora Fé; "Eles Voltaram", de Hércio Marcos C. Arantes, Instituto de Difusão Espírita; "Jovens no Além" de Caio Ramacciotti,

Grupo Espírita Emmanuel; "Reencontros", de Hércio Marcos C. Arantes, Instituto de Difusão Espírita; "Estamos Vivos", de Elias Barbosa, Instituto de Difusão Espírita; e outros.

A bibliografia espírita é riquíssima de comunicações mediúnicas de grande expressão, através da psicografia, servindo de valiosa comprovação da imortalidade do Espírito.

Em nosso país, as sessões de materialização, por meio dos médiuns Peixotinho e Ana Prado, foram realmente significativas, para evidenciar o prosseguimento da vida após a vida, demonstrando que os "mortos" vivem.

Os incrédulos cientistas e os parapsicólogos de batina, não podendo, é claro atribuir a presença dos fantasmas ao inconsciente, se apegam à fraude ou a incúria dos pesquisadores. Contudo, na materialização, além da manifestação dos Seres Inteligentes do Mundo Espiritual, outros excepcionais fenômenos acontecem. Um deles é a moldagem em parafina, provando cabalmente a autenticidade dos fenômenos ectoplásmicos e a sua real origem espiritual.

Como se processa a formação dos "moldes"? O Espírito coloca suas mãos, em uma panela de parafina fervente, e, logo após, as introduz, em recipiente contendo água gelada. O resultado é uma prova cabível, insofismável, de que não há fraude. Já pensou, caro leitor, um médium fraudulento, fingindo que é um Espírito, pondo suas mãos na parafina fervente?

Ranieri, um delegado de polícia, acostumado a identificar os farsantes no dia-a-dia do seu trabalho, foi um dos grandes pesquisadores da ectoplasmia no Brasil.

Certamente, se o médium Peixotinho intentasse qualquer tipo de fraude, seria prontamente desmascarado.

Ranieri, no apaixonante livro "Materializações Luminosas", edição FEESP (Federação Espírita do Estado de São Paulo), relata todas as suas impressões, enriquecidas com um valioso acervo de fotografias.

Para ele, o momento de maior significância foi o aparecimento de sua filha, Heleninha, em plena materialização luminosa, à sua frente. A seguir, a criança desencarnada aplica as mãos na parafina em ebulição e na água gelada, para deixar o molde como um presente a seu pai, para cientificá-lo de que há prosseguimento da vida após a morte do corpo.

César Lombroso foi, em solo italiano, um ferrenho adversário do Espiritismo. Certa feita, convidado pelo prof. Chiaia, o famoso criminalista comparece a uma reunião de ectoplasmia,cuja médium era Eusápia Paladino. Lá, aparece materializada a sua própria mãe. Abraçando-a e beijando-a, Lombroso se rendeu à evidência espírita, dizendo: "*Nenhum gigante do pensamento e da vontade poderia me fazer o que fez esta mulher rude e analfabeta: retirar minha mãe do túmulo e trazê-la aos meus braços*".

Frederico Figner, introdutor do fonógrafo no Brasil, perde precocemente sua filha Raquel (21 anos de idade), ficando muito abalado. Vai a Belém do Pará, acompanhado da esposa, Srª Ester Figner, e, em uma sessão ectoplásmica, com a médium Ana Prado, surge a jovem do Além, perfeitamente identificada com seus cabelos loiros e compridos.

Que emoção descabida! Os pais choram efusivamente, abraçam e beijam a filha que se senta ao colo de Figner.

Enriquecido com essa amorosa experiência, volta ao Rio de Janeiro, transformado em uma nova criatura.

O Nosso Querido Mestre Jesus, em plena sala fechada, desponta, materializando-se, entre os seus discípulos. Chama o incrédulo Tomé e lhe diz: "*Põe aqui o seu dedo e vê as minhas mãos; chega também a tua mão e põe-na no meu lado; não sejas incrédulo, mas crente*" (João 20:27).

O Cristo, não se negando a comprovar a importância do Espírito, após o decesso físico, atesta a importância da mediunidade, dando a todos os profitentes espíritas o estímulo necessário para que continuem firmes na tarefa sacrossanta do intercâmbio com os Seres Extracorpóreos, emissários de Jesus.

A mediunidade, negada pela Igreja, é perfeitamente observada nos arraiais de sua fé:

1— O Espírito daquele que, na carne, foi o pontífice Pio X, aparece ao então cardeal Pacelli, a fim de prepará-lo para se assentar na Cadeira Papal, substituindo Pio XI;

2— Pio X, em pleno exercício do papado, se revelou um aprimorado médium intuitivo, em três situações:

2.1— Numa cerimônia religiosa, ordena, de súbito, que se

fosse apagada uma das velas do altar. Verificou-se, depois, a presença de um artefato explosivo naquela vela;

2.2— Uma criança surda e muda foi levada à presença do pontífice. Recusou-se a recebê-la, argumentando que a menina já estava curada, o que foi inteiramente comprovado por todos;

2.3— Numa feita, pede ao seu secretário que cancele uma audiência programada, relatando que a senhora acabara de falecer, na sala de espera. Realmente, acontecia o fato ("O Espiritismo Explica", Aureliano Alves Netto, Edicel);

3— *Léon Denis* dá a lume, na obra "*Cristianismo e Espiritismo*", um caso mediúnico, ocorrido no Vaticano, retirado de "Safônius, capítulo CXLVII: "O papa São Leão havia escrito a Flaviano, bispo de Constantinopla, uma carta célebre sobre a heresia de Eutíquio e de Nestório. Antes, porém, de a expedir, colocou-a no túmulo de S. Pedro, que fizera previamente abrir e ao pé do qual se conservou em jejum e oração durante quatro dias, conjurando o príncipe dos apóstolos a corrigir pessoalmente o que à sua fraqueza e prudência tivesse escapado em contrário à fé e aos interesses de sua Igreja. Ao fim dos quatro dias lhe apareceu o príncipe dos apóstolos e lhe disse: "Li e corrigi". O papa fez de novo abrir o túmulo e encontrou o escrito efetivamente corrigido" (pg. 279, FEB).

4 — Ainda Léon Denis, citando Gregório de Cesaréia e Nicéforo, aborda outro fenômeno mediúnico, acontecido também no Vaticano, quando todo um concílio teria evocado os espíritos: "Ao tempo em que o concílio ainda efetuava suas sessões, e antes que os Padres tivessem podido assinar as decisões, dois piedosos bispos, Crisântus e Misônius, faleceram. O concílio, depois de haver lavrado o termo, lastimando vivamente não ter podido juntar seu voto aos de todos os outros, compareceu incorporado ao túmulo dos dois bispos e um dos padres, tomando a palavra, disse: 'Santíssimos pastores, terminamos juntos a nossa tarefa e combatemos os combates do Senhor. Se a obra lhe agrada, dignai--vos no-lo fazer saber, apondo-lhe vossa assinatura'.

"Em seguida foi a decisão lacrada e deposta no túmulo, sobre o qual foi também aposto o selo do concílio. Depois de terem passado toda a noite em oração, no dia seguinte, ao amanhecer, quebraram os mesmo selos e encontraram, por baixo do manuscrito, as seguintes linhas autenticadas com as rubricas e assinaturas dos defuntos consultados: 'Nós, Crisântus e Misônius, que havemos assentido, com todos os Padres, ao Primeiro e santo Concílio Ecumênico, posto que presentemente despojados de nossos corpos, subscrevemos, entretanto, do nosso próprio punho a sua decisão'. A Igreja — acrescenta Nicéforo — considerou essa manifestação como um notável e positivo triunfo sobre seus inimigos" (Ibidem, pg. 280).

Aí estão dois fatos de escrita direta, fenômeno comprovado atualmente.

5— O Pe.Montes, biógrafo de Santo Afonso de Ligório, cita que o Santo, quando se encontrava na Igreja de Nossa Senhora das Mercês, através da faculdade da audiência, ouviu uma voz exortando-lhe a seguir o ministério espiritual.

Outros fenômenos mediúnicos ocorrem, no momento em que Santo Afonso pregava na Igreja dos Capuchinhos de Nápole: aparece no altar, um espírito materializado, apresentando-se como uma formosa menina. Ao mesmo tempo o rosto do religioso se ilumina. "*Um raio como do sol parte da imagem e pousa sobre o orador*". *Este espetáculo foi presenciado e testemunhado por milhares de pessoas*". ("Mediunidade dos Santos", Instituto de Difusão Espírita, pág. 139);

6— O Pe.Luis Chiavarino, biógrafo de Dom Bosco, conta que o Santo tinha um amigo muito íntimo, Luis Comollo. Haviam combinado que "*o primeiro que morresse deveria comunicar a notícia da própria salvação ao companheiro sobrevivente, caso Deus o permitisse*".

Assim descreve o biógrafo: "Na noite do enterro, enquanto Bosco e os companheiros dormiam, ao soar da meia-noite, ouviu--se um ruído prolongado que avançava do fundo do corredor, tornando-se cada vez mais tétrico e assustador, à medida que se aproximava. Dir-se-ia o barulho de um trem correndo sobre chapas de zinco.

"Os seminaristas acordaram, mas ninguém tinha coragem de falar.

"O ruído avançava sempre; de repente, a porta do dormitório escancarou-se: uma luz se tornava cada vez mais viva apareceu no meio daquele estrondo surdo de trovão, e se aproximou da cela de Bosco.

"Nesse ponto, o clarão fez-se vivíssimo, o tumulto cessou e ouviu-se ressoar, distinta, a voz do clérigo Comollo, que repetiu três vezes: — '*Bosco... Bosco... Bosco... eu estou salvo*' "Depois o fragor recomeçou mais intenso de que antes, e se afastou. A porta bate assustadoramente; a casa toda tremeu, como que abalada por terremoto, e depois tudo ficou em silêncio.

"Os companheiros de Bosco pularam da cama e fugiram como loucos. Ele, porém, os chamou e os acalmou, contando-lhes a promessa feita..." (Ibidem, pgs.140 e 141)

"Henri Ghéon, autor de uma bela biografia de Dom Bosco, assim descreve o mesmo fenômeno:

"Ora, na noite seguinte ao dia do enterro, os vinte companheiros de dormitórios de João foram subitamente acordados por ruídos sinistros. Uma carroça, talvez um trem, rodava pesadamente no corredor, arremessava-se, quebrando-se num estrondo de artilharia, sacudindo o teto, o assoalho, fazendo surgir no dormitório um clarão fantástico que, de repente, brilhou maravilhosamente. Então, no meio do silêncio, ouviu-se uma voz doce, cantante, feliz, que um só compreendeu: — '*Bosco, estou salvo!*'

"Tendo projetado um último clarão, a luz apagou-se, voltando a algazarra. Pouco depois, tudo entrava novamente em ordem e foi em vão que João Bosco, radiante de alegria e gratidão, tentou convencer os companheiros." (Ibidem, pag. 141)

7 — O Pe. Martial Lekeuf, OFM, Biógrafo de Santa Francisca Romana, registra que a Santa foi beneficiada, no caminho à terra do "Povorello", por um franciscano, resplandecente. A Santa reconheceu que se tratava de Francisco de Assis (em plena materialização). (O fato foi retirado também do excelente livro "Mediunidade dos Santos", pág. 150).

8 — Um fenômeno significativo não mediúnico é a bicorporeidade ou bilocação. Para a Igreja Católica trata-se de um milagre. Contudo, o Espiritismo esclarece o fenômeno como anímico, ensinando que o fato se dá pela exteriorização do corpo espiritual ou perispírito (desdobramento) e, posteriormente, sua materialização.

Antônio de Pádua e Afonso de Ligório, assim como muitos

médiuns canonizados pela Igreja, foram protagonistas de inúmeros casos de desdobramento. O primeiro, desde o tempo que ainda era frade agostinho, já se exteriorizava, através do veículo perispirítico. Ficou célebre o fato de estar em Pádua, pregando no templo , e "*sabendo de que familiares seus eram acusados de horrendo crime, desdobrou-se, achando-se horas depois em Lisboa para defender os seus. Naquela época, lembra-se Salvini, 'três meses não seriam suficientes para percorrer a distância entre Pádua e Lisboa'*. O Codificador da Doutrina Espírita, Allan Kardec, em seu *O Livro dos Médiuns* (II parte, cap.VII), também se refere a esse fenômeno de bicorporeidade, explicando que 'tudo o que ficou dito das propriedades do perispírito após a morte, se aplica ao perispírito dos vivos. '(...)' o Espírito, quer o homem esteja vivo, quer morto, traz sempre o envoltório semimaterial que, pelas mesmas causas de que já tratamos, pode tornar-se visível e tangível."

O segundo, "foi miraculosamente assistir nos seus últimos momentos o Papa Clemente XIV, no Vaticano, enquanto seu corpo, imóvel em um canapé , em Arienzo estava absorto, em êxtase, do qual só saiu 24 horas depois, no preciso momento em que o pontífice expirava, isto é, às 7 horas da manhã de 22 de setembro de 1774. Teve o fato tão numerosas testemunhas, que determinou a canonização de Afonso, antes do interregno exigido." (César Lombroso, Hipnotismo e Mediunidade, FEB, Parte II, Cap. 11/ Baudi di Vesme, Storia deljo Spiritismo, Turim, 1897) (HM).

9 — No livro "A Ciência do Espírito", do Prof. Henrique Rodrigues (Editora "O Clarim"), encontra-se o interessante fato mediúnico das "caras de Bélmez", rostos aparecidos no chão da cozinha de uma casa construída no terreno de um cemitério de antiga igreja.

Importante o relato de ter sido chamado o "eminente mestre da parapsicologia, o Prof. Hans Bender, da Universidade de Freiburg, nome mundialmente conhecido, sugerindo "*lavar-se o chão, fotografá-lo, cobri-lo com um lençol e deixar passar um mês com as portas do compartimento lacradas e sob vigilância permanente. Um mês depois, ao ser descoberto o solo, haviam aparecido oito caras novas.*" (pag. 118)

10 — Centenas de casos mediúnicos que aconteceram em

arraiais católicos poderiam ser citados. Contudo, não poderia deixar de abordar o famoso "Museu do Purgatório", situado ao lado da Sacristia da Igreja do Sagrado Coração do Sufrágio das Almas, denominado Museu do Purgatório. De início, era denominado Museu Cristão do Além e continha a primeira coleção de provas da presença de espíritos desencarnados, atuando no mundo físico, recolhidas pelo padre Vitor Jouet, desencarnado em 1920. Segundo a concepção católica, a ampla documentação exposta no museu, revela as aparições de almas do Purgatório, pedindo ajuda espiritual, isto é, solicitando auxílio para entrar no Paraíso.

Para a Igreja Apostólica Romana, a existência do estado purgatorial é uma verdade de fé, firmada pelos concílios de Lion (1274) e de Florença (1439). Sofrendo oposição da crença protestante e da Igreja Ortodoxa Grega, os teólogos católicos afirmam ser o Purgatório um local espiritual, transitório, onde se encontram as almas em expiação e purificação, através do fogo, de seus pecados veniais ou de erros graves perdoados pela confissão. O Concílio de Trento estabeleceu que a penalidade deva ser cumprida de forma efêmera desde que à culpa foi concedida o perdão.

A Igreja Católica presumiu a existência de estados espirituais dolorosos, qualificando-os de Purgatório e Inferno. A edificação do Museu das Almas, desperta, nas pessoas religiosas ou descrentes, a reflexão dos temas paranormais, como os da comunicação dos chamados mortos com os que ainda vivem na carne.

O padre francês Jouet conseguiu reunir inúmeros objetos com marcas de mãos impressas pelo fogo, que fazem parte do acervo do museu. Um deles é um pedaço de tecido, já envelhecido pelos anos, no qual se vê a imagem de uma mão pirogravada. Segundo os documentos da peça, o fato se deu na noite de 21 de junho de 1789, na Bélgica. A mãe, desencarnada, de Giuseppe Leleux apareceu ao filho, durante onze noites, através de aterrorizantes ruídos e na décima segunda noite, se fez tangível. Depois de recriminá-lo pelas suas atitudes reprováveis, colocou a mão na manga da camisa de Leleux, deixando fixada sua marca. Consta que após experimentar tal fenômeno, Giuseppe converteu-

-se e fundou uma ordem religiosa.

Para os espíritas é perfeitamente explicável a ocorrência de tais fatos. De início, os "raps", manifestação espiritual das mais simples e mais freqüentes, consistindo, segundo "O Livro dos Médiuns" de Allan Kardec, em "pancadas secas, ora surdas, fracas e leves, ora claras, distintas, às vezes retumbantes, que mudam de lugar e se repetem sem nenhuma regularidade mecânica". Quando há um modo de comunicação dos seres incorpóreos através dos "raps", constituindo uma linguagem por pancadas ou batimentos, se está diante do fenômeno conhecido como Tiptologia — clássico no Espiritismo o caso das irmãs Fox, Hydesville, nos Estados Unidos, em 1848. O próprio codificador, quando iniciava seus estudos sobre o Espiritismo, também se deparou com tal faculdade mediúnica de efeitos físicos.

Depois, nitidamente, a produção da materialização, tornando-se visível a defunta mãe de Leleux, deixando gravada na camisa do filho a imagem de sua mão. Como nos trabalhos de ectoplasmia é produzida intensa energia, a marca parece ter sido formada por uma mão ardente em chamas.

O Mestre Jesus quando apareceu a Madalena em pleno sepulcro, recém-materializado, lhe pediu que não O tocasse. Essa frase enigmática tem a explicação no fato do Cristo estar "ultra-eletrizado", o que faria Madalena experimentar um veemente choque elétrico, se porventura Lhe pusesse as mãos.

Conta-se que, em 15 de novembro de 1887, quando a Igreja do Sagrado Coração era apenas uma capela, durante uma cerimônia religiosa, irrompeu um incêndio sobre o altar. As pessoas presentes ao evento viram entre as chamas a imagem de um rosto com faces de sofrimento. Cessado o incêndio, foi constatada a impressão do semblante na parede atrás do altar.

Essa fenomenologia é estudada e comprovada com afinco pelo Espiritismo. Não existe nenhum milagre, nem são fatos verificados com exclusividade na Igreja Católica.

A presença de Jesus após seu decesso, "pregando aos espíritos em prisão" (Primeira Epístola de Pedro 3:19), revela a toda a humanidade a transitoriedade do sofrimento no além-túmulo e deixa a certeza da possibilidade de se atingir a perfeição, diante da eternidade.

Infelizmente, o autor do opúsculo, em detrimento de uma verdade mediúnica, encontrada a mancheias no terreno da sua própria religião, permanece preso a velhas estruturas arcaicas, submetido à tirania do dogma, preocupado com a sua própria sobrevivência, como também da religião da qual é um dos ministros.

Na sua obra, que tenho a obrigação de refutar, levantando a minha voz em sinal de protesto, o prelado continua a fincar estacas de papelão, no chão firme e seguro da fenomenologia espírita, dizendo:

"...O inconsciente, a sugestão e uma grande sensibilidade são, portanto, os principais fatores que explicam os fenômenos mediúnicos. O inconsciente é um enorme repertório de imagens, sons e experiências latentes no ser humano; está sujeito a ser ativado pela sugestão de que o médium vai receber um espírito do além e, por isto, terá que representar um papel condizente com tal 'incorporação'.

"Não há fenômeno mediúnico que não possa ser explicado pela parapsicologia, de modo que é falso recorrer a intervenção do além para compreendê-los.

"Somente quem permite que a emoção e os sentimentos preponderem sobre o raciocínio e a ciência, pode aderir ao Espiritismo. Este não é ciência, como diz, mas (doloroso afirmá--lo) é obscurantismo, pois supõe ainda o contexto do século XIX e ignora os resultados comprovados da Psicologia contemporânea."

Mais uma vez o religioso se socorre do "inconsciente", tentando manter a sua consciência tranqüila, achando que assim procedendo está "assassinando" a Doutrina Espírita. Contudo, na realidade, diante de centenas de fenômenos mediúnicos, já pesquisados pela ciência oficial, inclusive ocorridos no próprio seio da Igreja Católica, sua tese se torna inconsistente, hipotética, autolimitada.

O religioso superestima o "inconsciente" achando que este pode impregnar de voz uma fita virgem de gravador; apor assinaturas idênticas as do "falecido"; dar informações de que o próprio dono do inconsciente (médium) desconhece; originar a voz de um "morto" (fenômeno da voz direta), audível por todos, falando de coisas que o médium, na cabine, ignora; apresentar-se o espírito visível e tangível (numa sessão de materialização), sendo reconhecido por alguém que o conheceu em vida; colocar a Entidade suas mãos em parafina fervente para autenticar a sua presença, servindo também de subsídio à comprovação da imortalidade da alma.

Colocando a expressão do *inconsciente* do médium, como explicação da fenomenologia mediúnica, em detrimento da presença *consciente* do Espírito, o padre, sem citar qualquer tipo de pesquisa científica que tenha tido contato ou tenha praticado, faz uma afirmação realmente sem conteúdo, sem base lógica e científica.

Temos em Freud, não o pioneiro da idéia do inconsciente, mas o grande descobridor das atividades da zona inconsciente do psiquismo. Através dele, a Ciência psicológica é impulsionada, dá um grande salto. Contudo, foi Jung o responsável por maiores vôos dentro da imensidade da atmosfera psíquica. Onde Freud pára, Jung segue adiante, retomando o estudo do inconsciente com novos conceitos, impetrando mais pesquisas. Chega ao inconsciente coletivo, seus arquétipos e símbolos. A partir de Jung, ficou bem salientado que o consciente pode perceber algum processo da zona inconsciente, exteriorizado, na forma de informações simbólicas e reduzidas.

Onde se encontra o inconsciente? É conseqüência do trabalho das células nervosas ou neurônios? Uma atividade psíquica de tão grande amplitude seria exterminada pela morte?

O próprio Jung, como foi dito anteriormente, em 1950, numa entrevista concedida a BBC, relata não acreditar que "a mente humana morra porque está provado que a mente humana não conhece passado, nem presente, nem futuro; contudo, se ela pode prever acontecimentos futuros, então ela está acima do tempo, se está acima do tempo, não pode ficar trancafiada num corpo".

Na realidade, a zona do inconsciente é um terreno fértil onde são jogadas as sementes das aquisições constantes e, sem dúvida, não está situado nos parâmetros da matéria perecível, já que a mente continua, segundo ensinamento junguiano, a viver. Então, o inconsciente é imortal, sobrevivendo à morte do corpo físico, não estando, portanto, limitado ou circunscrito ao trabalho dos neurônios.

Se o inconsciente é perene, fica mais claro entender que pode o seu conteúdo ser cada vez mais enriquecido através de experiências reencarnatórias.

Daí a explicação, pela palingênese, dos arquétipos. Em verdade, seriam exteriorizações do inconsciente revelando a representação das inúmeras vivências de um ser, através das reencarnações, nas diferentes regiões do planeta. Essas vivências se evidenciam no folclore, nas cantigas populares, na Mitologia, nos sonhos e até nas religiões, verificadas de modo análogo, em diferentes povos.

Acredito que o sacerdote esteja deliberadamente "confundindo alhos com bugalhos", na tentativa de desacreditar o Espiritismo, e querendo tornar nula a manifestação dos Seres do Além através da mediunidade.

O que o religioso tenta dizer para desacreditar todo o processo mediúnico, é o que se conhece, em Espiritismo, por *Animismo,* muito bem estudado e analisado pelo sábio Aksakof, na obra "Animismo e Espiritismo" (FEB/Federação Espírita Brasileira).

Trata-se da "*ação extracorpórea do homem vivo*", distinguido dos fenômenos em que se caracteriza a presença de Espíritos desencarnados. O homem é portador de uma alma (Espírito encarnado). Portanto, sendo também um Espírito, preso à carne, pode emancipar-se e dar ensejo à produção de diversos fenômenos.

O Animismo revela a existência de um princípio não material, de natureza transcendental, ligado ao homem, tendo a possibilidade de se exteriorizar e ser causa de fatos paranormais. Se seres encarnados são suscetíveis de produzir fenômenos como telepatia, clarividência e telecinesia, pode-se imaginar quão grande é a possibilidade de serem utilizados também como medianeiros, nos trabalhos mediúnicos, servindo-se de intermediários para os que vivem no Plano Espiritual.

O querido médium Chico Xavier, certa feita, durante o sono, em desdobramento, dirigiu-se a Caratinga e lá se manifestou, materializado. Se o medianeiro conseguiu tal façanha, deve-se considerar o que podem fazer, então, os Espíritos desencarnados através dele.

Aksakoff alude que um indivíduo, em transe, pode determinar situações em vários níveis. Uma delas é o que se conhece por *Personismo*. Há um estado alterado da consciência, aflorando, dos refolhos mais íntimos do seu psiquismo, idéias ou pensamentos que, muitas vezes, são confundidos com o chamado fenômeno espírita.

Não confundir o *Personismo* com a mistificação ou fraude, onde há intenção dolosa de enganar, de produzir engodo, quase sempre para auferir rendimentos, visando fins lucrativos ou auto-promoção.

Portanto, a Doutrina Codificada por Kardec contém, em seus ensinamentos, um acervo de orientações ao profitente espírita. Daí a importância de se estudar proficuamente os livros básicos do Espiritismo e de se manter escorado diante dos escolhos da mediunidade.

Na realidade, o clérigo atribui ao Personismo a explicação de todos os fenômenos mediúnicos, negando a presença do Espírito desencarnado.

Depois, o reverendo afirma que "*não há fenômeno mediúnico que não possa ser explicado pela parapsicologia...*"

Qual parapsicologia? A dos homens de batina? A dos materialistas?

A parapsicologia de Rhine, tanto quanto a Metapsíquica de Richet, conforme foi visto anteriormente, alude aos Seres do Além, como protagonistas de muitos fenômenos (Para Rhine, os chamados PSI-TETA).

Continua o padre: "*...de modo que é falso recorrer a intervenções do além para compreendê-los*".

Mais uma vez, o eclesiástico prejulga, faz uma afirmação gratuita, sem base na lógica e no bom senso. Apenas se encontra na posição clerical de um dogmático, preso a teias humanas, sem a utilização do raciocínio claro, totalmente desatualizado.

"*Somente quem permite que a emoção e os sentimentos preponderem sobre o raciocínio e a ciência, pode aderir ao Espiritismo.*"

Nessa asserção, a honestidade pede que seja colocado um *não*, antes de *permite*, ficando o texto, então, firmado na lógica e na autenticidade: "*Somente quem NÃO permite que a emoção e os sentimentos preponderem sobre o raciocínio e a ciência, pode aderir ao Espiritismo.*"

Exatamente a Doutrina Espírita está alicerçada no *raciocínio* e na *ciência*. Um axioma espírita diz o seguinte: "*Fé inabalável só o é a que pode encarar a razão face a face, em todas as épocas da Humanidade*".

O Codificador diz, em "O Livro dos Médiuns", capítulo 1, nº 14, 7º item: "A explicação dos fatos que o Espiritismo admite, de suas causas e conseqüências morais, *forma toda uma ciência e toda uma filosofia, que reclamam estudo sério, perseverante e aprofundado.*" (Ed. FEB)

Em "A Gênese" (Ed. FEB): "Como meio de elaboração, o Espiritismo procede, exatamente, da mesma maneira que as *ciências positivas, aplicando o método experimental.*".

Também em "A Gênese": "O Espiritismo e *a Ciência* se completam um pelo outro; a Ciência, sem o Espiritismo, se acha impossibilitada de explicar certos fenômenos, unicamente pelas leis da matéria; *o Espiritismo, sem a Ciência, ficaria sem apoio e exame*".

"A nova *ciência* espiritualista não é, pois, uma obra de imaginação: *é o resultado de longas e pacientes pesquisas, o fruto de inúmeras investigações*. Os homens que as empreenderam são conhecidos em todas as esferas científicas: são portadores de nomes célebres e acatados" (Léon Denis, "No Invisível", FEB)

"É uma *ciência* que trata da natureza, origem e destino dos Espíritos, bem como de suas relações com o mundo corporal". (Allan Kardec)

"O Espiritismo deixa de parte as teorias nebulosas, desprende-se dos dogmas e das superstições e vai apoiar-se na base inabalável *da observação científica*" — afirma categórico Gabriel Delanne, em "O Espiritismo perante a Ciência".

"O Espiritismo *é uma ciência*, cujo fim é a demonstração experimental da existência da alma e sua imortalidade, por meio de comunicações com aqueles aos quais impropriamente se têm chamado mortos" (Gabriel Delanne, em "O Fenômeno Espírita", FEB)

Espiritismo é "fé *RACIOCINADA*".

No grandioso livro "*Afinal, quem somos?*", *de Pedro Granja, Edicel*, estão inseridas as opiniões favoráveis à Doutrina Espírita de 150 sábios que pesquisaram os fenômenos mediúnicos (pgs. 201 a 261).

Ontem e hoje, cientistas afirmam a presença do Espírito.

A Doutrina codificada por Kardec é também ciência, sim. De forma nenhuma obscurantismo e será, insofismavelmente, a religião que fecundará todas as outras crenças.

Outra vez, vem o padre com mais uma ofensa: "Este *não é ciência*, como diz, mas (doloroso afirmá-lo) é *obscurantismo*, pois supõe ainda o contexto do século XIX e ignora os resultados comprovados da Psicologia contemporânea."

É realmente doloroso afirmar tal coisa, tratando-se de mais uma violenta agressão, vinda de alguém que se diz "pastor de ovelhas".

Seria importante que o sacerdote da Igreja Católica Apostólica Romana lembrasse sempre do testemunho imoral que inúmeros papas deixaram à Humanidade, recordasse da época negra dos impiedosos assassinatos da Inquisição e se preocupasse com a sua religião, hodiernamente esvaindo-se consideravelmente.

Chega de perseguição! Vá viver e exemplificar o Cristianismo que diz praticar e ser um dos seus propagadores. De qual "Jesus", o padre diz ser o intérprete ou representante? O Nosso Cristo ensinou: "*Não julgueis, para não serdes julgados. Porque com o juízo com que julgardes, sereis julgados...*" (Mateus 7:1-2).

"*Por que olhas o argueiro no olho do teu irmão, quando tens uma trave no teu?*" (Mateus 7:3)

CAPÍTULO III

"Segunda Razão: O Desmentido das Irmãs Margareth e Kate Fox"

O eclesiástico inicia o assunto, dizendo: "*O Espiritismo moderno, como dizem os próprios espíritos, começa em Hydesville (N.Y., U.S.A.) em 1848. Certa noite, o pastor protestante John Fox, sua esposa e as duas filhas Margarida e Catarina estavam a conversar sobre estranhos fenômenos de 'assombração'; Catarina então produziu estalos com os dedos; notaram todos que alguém os repetia. Por sua vez, Margarida produziu estalos e encontrou eco. Apavorada, a Sra. Fox perguntou: 'É homem ou mulher que está batendo?', mas não obteve resposta. Insistiu então: 'É espírito? Se é espírito, bata duas vezes'. Produziram-se duas breves pancadas. Concluiu assim que um espírito 'desencarnado' estava em comunicação com a família. Segundo se diz, os próprios espíritos indicaram às irmãs Fox em 1850 nova forma de comunicação: que os interessados se colocassem em torno de uma mesa, em cima da qual poriam as mãos; às interrogações que fizessem aos espíritos, a mesa responderia com golpes e movimentos indicadores de letras do alfabeto e de palavras.*"

Primeiramente, discordando do prelado que "afirma *que o*

Espiritismo moderno, como dizem os próprios espíritas, começa em Hydesville, em 1848", devo afirmar à saciedade que, os fenômenos mediúnicos existem, desde que o homem adquiriu o intelecto, em determinada fase da evolução. Muito antes das irmãs Fox, Swedenborg impressionava a todos com sua mediunidade de vidência, iniciada em Londres (1744). Via e conversava com os Espíritos com facilidade.

Após o sueco, surgiu Eduard Irving, escocês, com marcantes experiências mediúnicas, entre 1830 e 1833. Depois, aparece Andrew Jackson Davis, célebre médium vidente e audiente americano, nascido em 1826, nas margens do rio Hudson.

Em verdade, o Espiritismo começa com Allan Kardec, em 18 de abril de 1857, dando a lume a obra "O Livro dos Espíritos", em Paris.

Surge, então, a Doutrina Espírita, codificada pelo grande missionário lionês, fazendo um trabalho assaz maravilhoso, coligindo informações dos Espíritos, através de inúmeros médiuns, a partir das questões elaboradas pelo Codificador.

No século passado, os espíritas anglo-saxões davam muito realce aos fatos mediúnicos ocorridos na Inglaterra e Estados Unidos e, ainda, não tinham descoberto o grande manancial Kardequiano.

Portanto, o clérigo buscou fontes muito antigas e desatualizadas.

É preciso frisar que o relato do reverendo, à primeira vista, leva o leitor a entender uma comunicação mediúnica com os Fox, muito simples, destituída de valor, desde que é dito que tudo começou quando "*estavam a conversar, certa noite, sobre estranhos fenômenos, de assombração*".

Na realidade, muito antes da família Fox alugar a casa, em Hydesville, em 11 de dezembro de 1847, fenômenos insólitos já tinham ocorrido, no local.

De início, os Fox ouviram ruídos de arranhadura. De março de 1848 em diante, cresceram de intensidade. Para dar maior autenticidade às minhas refutações, trago as palavras abalizadas de Arthur Conan Doyle, *inseridas na excelente obra "História do Espiritismo" (Editora Pensamento):* "...Finalmente, na noite de 31 de março houve uma irrupção de inexplicáveis sons muito altos e continuados. Foi nessa noite que um dos grandes pontos da evolução psíquica foi alcançado, desde que foi nessa noite que a jovem Kate Fox desafiou a força invisível a repetir as batidas que ela dava com os dedos. Aquele quarto rústico, com aquela gente ansiosa, expectante, em mangas de camisa, com os rostos alterados, num círculo iluminado por velas e suas grandes sombras se projetando nos cantos, bem podia ser assunto para um grande quadro histórico. Procure-se por todos os palácios e chancelarias de 1848: onde será encontrada uma sala que se tenha notabilizado na história como aquele pequeno quarto de uma cabana?

"...Mrs. Fox ficou admirada daquele resultado e da posterior descoberta de que aquela força, ao que parecia, era capaz de ver e ouvir, pois quando Kate dobrava o dedo sem barulho, o arranhão respondia. A mãe fez uma série de perguntas, cujas respostas, dadas em números, mostravam maior conhecimento de seus próprios negócios do que ela mesma o possuía, pois os arranhões insistiam em que ela tinha tido sete filhos, enquanto ela protestava que só tinha tido seis, até que veio à sua mente um que havia morrido em tenra idade. Uma vizinha, Mrs. Redfield, foi chamada e sua distração se transformou em maravilha e, por fim, pavor, quando teve respostas corretas a questões íntimas.

"À medida que se espalhavam as notícias dessas maravilhas, os vizinhos chegavam em bandos, um dos quais levou as duas meninas, enquanto Mrs. Fox foi passar a noite em casa de Mrs. Redfield. Em sua ausência os fenômenos continuaram exatamente como antes, o que afasta de uma vez por todas aquelas hipóteses de estalos de dedos e de deslocamentos de joelhos, tão freqüentemente admitidas por pessoas ignorantes da verdade dos fatos" (História do Espiritismo, Editora Pensamento, pgs. 75 e 76).

Para melhor compreensão e visando uma maior autenticidade, trago o depoimento da Sra. Fox: "Na noite de sexta--feira, 31 de março de 1848, resolvemos ir para a cama um pouco mais cedo e não nos deixamos perturbar pelos barulhos: íamos ter uma noite de repouso. Meu marido aqui estava em todas as ocasiões, ouviu os ruídos e ajudou na pesquisa. Naquela noite fomos cedo para cama — apenas escurecera. Achava-me tão quebrada e falta de repouso que quase me sentia doente. Meu marido não tinha ido para a cama quando ouvimos o primeiro ruído naquela noite. Eu apenas me havia deitado. A coisa começou como de costume. Eu o distinguia de quaisquer outros ruídos jamais ouvidos. As meninas, que dormiam em outra cama no quarto, ouviram as batidas e procuraram fazer ruídos semelhantes, estalando os dedos.

"Minha filha menor, Kate, disse, batendo palmas: 'Sr. Pé-Rachado, faça o que eu faço'. Imediatamente seguiu-se o som, com o mesmo número de palmadas. Quando ela parou, o som logo parou. Então Margareth disse brincando: 'Agora faça exatamente como eu. Conte um, dois, três, quatro' e bateu palmas. Então os ruídos se produziram como antes. Ela teve medo de repetir o ensaio. Então Kate disse, na sua simplicidade infantil: 'Oh! mamãe! eu já sei o que é. Amanhã é primeiro de abril e alguém quer nos pregar uma mentira'.

"Então pensei em fazer um teste de que ninguém seria capaz de responder. Pedi que fossem indicadas as idades de meus filhos, sucessivamente. Instantaneamente foi dada a exata idade de cada um, fazendo uma pausa de um para o outro, a fim de os separar até o sétimo, depois de que se fez uma pausa maior e três batidas mais fortes foram dadas, correspondendo à idade do menor, que havia morrido.

"*Então perguntei: 'É um ser humano que me responde tão corretamente?' Não houve resposta. Perguntei: 'É um Espírito? Se for dê duas batidas'. Duas batidas foram ouvidas assim que fiz o pedido. Então eu disse: 'Se foi um Espírito assassinado, dê duas batidas'. Estas foram dadas instantaneamente, produzindo um tremor na casa. Perguntei: 'Foi assassinado nesta casa?' A resposta foi como a precedente. 'A pessoa que o assassinou ainda vive?' Resposta idêntica, por duas batidas. Pelo mesmo processo verifiquei que fora um homem que o assassinara nesta casa e os seus despojos enterrados na adega;* que a sua família era constituída de esposa e cinco filhos, dois rapazes e três meninas, todos vivos ao tempo de sua morte, mas que depois a esposa morrera. Então perguntei: 'Continuará a bater se chamar os vizinhos para que também escutem?' A resposta afirmativa foi alta." (Ibidem, pgs. 77 e 78)

Agora, dentro do depoimento autêntico da Sra. Fox, há referências a inúmeras testemunhas que constataram o fenômeno:

"Meu marido foi chamar Mrs. Redfield, nossa vizinha mais próxima. É uma senhora muito delicada. As meninas estavam sentadas na cama, unidas uma à outra e tremendo de medo. Penso que estava tão calma como estou agora. Mrs. Redfield veio imediatamente — seriam cerca de sete e meia — pensando que faria rir às meninas. Mas quando as viu pálidas de terror e quase sem fala, admirou-se e pensou que havia algo mais sério do que esperava. Fiz algumas perguntas por ela e as respostas foram como antes. Deram-lhe a idade exata. Então ela chamou o marido e as mesmas perguntas foram feitas e respondidas.

"Então, Mrs. Redfield chamou Mr. Duesler e a esposa e várias outras pessoas. Depois, Mr. Duesler chamou o casal Hyde e o casal Jewel. Mr. Duesler fez muitas perguntas e obteve as respostas. Em seguida, indiquei vários vizinhos nos quais pude pensar, e perguntei se havia sido morto por algum deles, mas não tive resposta. Após isso, Mr. Duesler fez perguntas e obteve as respostas: Perguntou: 'Foi assassinado?' Resposta afirmativa. 'Seu assassino pode ser levado ao tribunal?' Nenhuma resposta. 'Pode ser punido pela lei?' Nenhuma resposta. A seguir disse: 'Se seu assassino não pode ser punido pela lei dê sinais'. As batidas foram ouvidas claramente. Pelo mesmo processo Mr. Duesler verificou que ele tinha sido assassinado no quarto de leste, há cinco anos passados, e que o assassínio fora cometido à meia-noite de uma terça feira, por Mr..........; que fora morto com um golpe de faca de açougueiro na garganta; que o corpo tinha sido levado para a adega; que só na noite seguinte é que havia sido enterrado a dez pés abaixo do solo. Também foi constatado que o móvel fora o dinheiro.

"Qual a quantia: cem dólares?' Nenhuma resposta. 'Duzentos? Trezentos?' etc. Quando mencionou quinhentos dólares as batidas confirmaram.

"Foram chamados muitos dos vizinhos que estavam pescando no ribeirão. Estes ouviram as mesmas perguntas e respostas. Alguns permaneceram em casa naquela noite. EU E AS MENINAS SAÍMOS (o grifo é meu).

"Meu marido ficou toda a noite com Mr. Redfield. No sábado seguinte a casa ficou superlotada. Durante o dia não se ouviram os sons; mas ao anoitecer recomeçaram. Diziam que mais de trezentas pessoas achavam-se presentes. No domingo pela manhã os ruídos foram ouvidos o dia inteiro por todos quantos se achavam em casa.

"Na noite de sábado, 1º de abril, começaram a cavar na adega; cavaram até dar n'água; então pararam. Os sons não foram ouvidos nem na tarde nem na noite de domingo. Stephen B. Simth e sua esposa, minha filha Marie, bem como meu filho David S. Fox e sua esposa dormiram no quarto aquela noite". (Ibidem, pgs. 78 e 79).

Muito importante o relato de Doyle, na pag. 76, alertando para o fato dos fenômenos acontecerem na casa dos Fox, mesmo sem a presença das meninas.

Na pag. 85, faz o seguinte comentário: "Ainda mais, garantindo que as meninas eram os médiuns, e que a força era retirada delas, como se produzia o fenômeno quando as mesmas se tinham ausentado de casa? A isto apenas é possível responder que, conquanto ao futuro coubesse demonstrar que na ocasião a força emanasse das meninas, nem por isso deixaria de inundar a casa e de ficar à disposição da entidade manifestante, ao menos quando as meninas estivessem ausentes".

Outro dado importante foi o grande número de testemunhas presentes no local, observando os fatos que lá aconteciam. Inclusive, foi formada uma comissão de investigação, confirmando as ocorrências mediúnicas, dando a lume "Relatório dos Ruídos Misteriosos, ouvidos na casa de Mr. John Fox".

No ano seguinte, em novembro de 1949, foram realizadas as primeiras demonstrações públicas, no Corinthian Hall, e em outros locais, com a presença de inúmeros pesquisadores psíquicos.

Mesmo com as médiuns "*de pé sobre almofadas, com um lenço amarrado à borda de seus vestidos, amarradas pelas cadeiras, todos nós ouvimos as batidas distintas nas paredes e no assoalho*" (pag. 89, "História do Espiritismo").

A comissão científica declarou também que as *suas perguntas, das quais algumas mentais, tinham sido respondidas corretamente*" (pag. 89).

Em fevereiro de 1851, três cientistas da Universidade de Buffalo publicaram um trabalho, relatando que "os ruídos eram causados por estalos nas juntas dos joelhos".

As médiuns indignadas, assim responderam, através da imprensa:

"Como não desejamos ficar sob a imputação de impostoras, estamos dispostas a submeter-nos a uma adequada e decente investigação, desde que possamos escolher três senhores e três senhoras de nossa amizade, que estejam presentes aos trabalhos. Podemos assegurar ao público que ninguém está mais interessado do que nós na descoberta da origem dessas misteriosas manifestações. Se elas podem ser explicadas pelos princípios de anatomia ou de fisiologia, cabe ao mundo fazer a sua investigação e que seja descoberta a mistificação. Como parece haver muito interesse manifestado pelo público sobre esse assunto, quanto mais cedo for conveniente esclarecido, mais depressa a investigação será aceita pelas abaixo-assinadas." (Ann L. Fish/ Margareth Fox)

"*A Investigação foi feita, mas os resultados foram negativos.*" (Ibidem, pág 91)

Se havia ainda qualquer pensamento de dúvida a respeito da presença de um Espírito, responsável pelas batidas e arranhaduras, comunicando que tinha sido morto naquela casa, tudo se aclarou, em 1904, quando foi encontrado um esqueleto, na adega da residência. Portanto, cinqüenta e seis anos mais tarde do início das manifestações mediúnicas, foi comprovada realmente a autenticidade espiritual do fenômeno.

O "Boston Journal", em 23 de novembro de 1904, noticia:

"Rochester, N.Y., 22 de novembro de 1904: 'O esqueleto do homem que se supõe ter produzido as batidas, ouvidas inicialmente pelas irmãs Fox, em 1848, foi encontrado nas paredes da casa ocupada pelas irmãs e as exime de qualquer sombra de dúvida concernente à sua sinceridade na descoberta da comunicação dos Espíritos.

'As irmãs Fox haviam declarado que tinham aprendido a comunicar-se com o Espírito de um homem, e que este lhes havia dito que tinha sido assassinado e enterrado na adega. Repetidas escavações deixaram de localizar o corpo e, assim, oferecer prova positiva do que diziam. (Ibidem, pg. 82)

'A descoberta foi feita por meninos de escola, que

brincavam na adega da casa de Hydesville, conhecida como — A casa assombrada — onde as irmãs Fox tinham ouvido as batidas. William H. Hyde, respeitável cidadão de Clyde, e dono daquela casa, fez investigações e encontrou um esqueleto humano quase completo entre a terra e os escombros das paredes da adega, sem dúvida pertencente àquele mascate que, segundo se dizia, tinha sido assassinado no quarto de leste da casa e cujo corpo tinha sido enterrado na adega.

'Mr. Hyde avisou aos parentes das irmãs Fox e a notícia da descoberta será mandada à Ordem Nacional dos Espíritas, muitos dos quais se lembram de ter feito peregrinações à "Casa Encantada", como é chamada geralmente. O achado dos ossos praticamente corrobora a declaração feita sob juramento por Margareth Fox, a 11 de abril de 1848'." (Ibidem, pg. 83)

A seguir, o escritor católico assim se expressa: "*Em pouco tempo, as novas práticas se espalham pelos Estados Unidos, pelo Canadá e pelo México. Atravessaram o Atlântico, chegando à Escócia e à Inglaterra; passaram para a Alemanha e outros países europeus, encontrando em 1854 na França o seu grande doutrinador: Léon Hippolyte Denizard Rivail, que tomou o nome de Allan Kardec, pois julgava ser a reencarnação de um poeta celta do mesmo nome.*"

Realmente, os Mensageiros Espirituais de Jesus, aproveitando uma época propícia, onde era respeitada a liberdade de palavra e de pensamento, ratificaram a promessa do Cristo: "*Eu pedirei ao Pai e Ele vos enviará um outro Consolador, que fique eternamente convosco, o Espírito da Verdade*, que o mundo não pode receber, porque não o vê e não o conhece" (João 19:16 e 17).

O Mestre declarou que muitas coisas ainda tinha para ensinar mas a humanidade de então não estava ainda preparada. Logo após, prometera enviar o Consolador, o Espírito da Verdade.

Uma nova Revelação seria dada aos homens, na forma de uma nova Doutrina, amalgamando a Religião com a Ciência e a Filosofia.

Legiões de Espíritos firmaram fileiras em torno do ideal de esclarecimento e conforto às criaturas terrenas. Reencarna em solo francês, cidade de Lyon, um ser de elevada condição espiritual, o

Prof. Hippolyte Léon Denizard Rivail, que se tornou o codificador da Doutrina Espírita. Kardec, impressionado pelo fenômeno das mesas girantes, deu início ao trabalho gigantesco de conscientização da humanidade, renovada, em torno de Jesus.

O pseudônimo "Allan Kardec" foi adotado, após ter tido conhecimento da mensagem do Espírito Zéfiro, através da cestinha escrevente de Baudin, relatando ter sido um sacerdote celta, discípulo de um druida superior chamado Allan Kardec, uma das reencarnações terrenas do Prof. Rivail, na Gália.

O sacerdote alude a "*um poeta celta*". Devo esclarecer que o padre está realmente muito limitado em suas alegações e asserções.

Aos queridos leitores, afirmo que um druida, *além de poeta*, era portador de grandes conhecimentos científicos. Foram os médicos, os astrônomos, os juristas, os líderes, do povo celta.

Júlio César sentiu na carne o valor de que era revestido um druida gaulês, o qual representava a síntese da inteligência aliada à liberdade.

Em um determinado tempo do Universo, o autor do opúsculo católico terá a oportunidade do esclarecimento e, então, se envergonhará da empreitada que intentou, a de tentar macular a Doutrina codificada por um homem missionário, escolhido por Jesus.

Já conscientizado da certeza da existência da palingênese, saberá que a Igreja Católica matou, na fogueira, no início do século V, o padre João de Hussinec, mártir e herói nacional da antiga Tchecoslováquia, reitor da Universidade de Praga, uma das reencarnações de um Espírito de Escol, o mesmo responsável pelo trabalho magnânimo da Codificação Espírita, reencarnado, e vivificando a personalidade do Prof. Hippolyte Léon Denizard Rivail.

Em 1857, através da psicografia de Ermance Dufaux, os Instrutores do Cristo comunicam a Allan Kardec que, em outra existência, fora o bacharel em Artes e Teologia, João Huss, queimado na fogueira pela Inquisição, por não concordar com os abusos das indulgências, por ser contra a corrupção no alto clero e não ser partidário da infalibilidade papal, ainda não oficializada.

Portanto, o Mestre de Lyon "*não julgou ser Allan Kardec*".

Ele realmente deu vida a um druida gaulês e, depois, retorna à Terra, em 1369, para continuar a sua jornada evolutiva de grande libertador da consciência, como João de Hussinec. Depois, em 1804, volta a sua antiga pátria gaulesa, para prosseguir no seu trabalho magnânimo de restaurar a verdade, revelando o Mestre Jesus e o Cristianismo redivivo ao mundo, para que o egoísmo não mais predomine no coração humano, fazendo com que a solidariedade viceje por toda a humanidade.

O sapiente e eclético druida, acrescido da bravura e do sacrifício do herói tcheco, como também da maturidade e perspicácia do pesquisador lionês, resultou no homem responsável pela missão de transmitir, aos habitantes do nosso pequeno planeta, diante do Universo sem fim, que somos também viajores do Cosmo, no veículo da perfeição, utilizando o combustível da reencarnação, em direção à Eternidade.

A seguir, continua o prelado no seu infrutífero ataque à mediunidade: *Ora, eis o depoimento de Margareth Fox, publicado no jornal 'The New York Herald', de 24/09/1888: 'Quando o espiritismo começou, Kate e eu éramos criancinhas e essa velha mulher, minha outra irmã, fez de nós seus instrumentos. Nossa mãe era uma tola. Era uma fanática. Assim a chamo porque era honesta. Acreditava nessas coisas. De fato, o espiritismo começou com um nada. Éramos apenas criancinhas inocentes. Que sabíamos nós? Ah, chegamos a saber demais! Nossa irmã serviu-se de nós em suas exibições; ganhávamos dinheiro para ela. Agora vira-se contra nós porque é esposa de um homem rico e, sempre que ela pode, opõe-se a nós.*

"*(...)*

"*O Dr. Kane encontrou-me quando eu levava essa vida. (Sua voz tremeu, aqui, e quase desfaleceu). Tinha eu apenas treze anos quando ele me livrou disso, colocando-me num colégio. Fui educada em Filadélfia. Aos dezesseis anos, casei-me com ele na ocasião em que voltou de uma expedição ártica. Agora, chegamos à triste história, tão triste... Ele se achava muito doente...*

"*Quando recuperei as forças, fui novamente empurrada para o espiritismo. Dei exibições com minha queridíssima irmã Kate. Sabia, então, é claro, que todos os efeitos por nós produzidos eram absolutamente fraudulentos. Ora, tenho explorado o desconhecido na medida em que uma criatura humana o pode. Tenho ido aos mortos procurando receber deles um pequeno sinal. Nada vem daí — nada, nada. Tenho estado junto às sepulturas, na calada da noite, com licença dos encarregados. Tenho-me assentado sozinha sobre os túmulos, para que os espíritos daqueles que repousavam debaixo da pedra pudessem vir ter comigo. Tenho procurado obter algum sinal. Nada! Não, não, não, os mortos não hão de voltar, nem aqueles que caem no inferno. Assim o diz a Bíblia católica, e eu o digo também. Os espíritos não voltam. Deus nunca o ordenou*'."

Continuando na tentativa de negar a mediunidade, tão bem estudada e praticada na Doutrina Espírita, o religioso prossegue no seu trabalho nefasto, trazendo agora o depoimento da Sra. Katy Fox, em 1888: "*Por sua vez, a Sra. Katy Fox (casada com o Sr. Jencken) deixou o seguinte testemunho, publicado no 'The New York Herald', de 10/10/1888: 'O espiritismo é fraude do princípio ao fim. É a maior impostura do século. Não sei se ela já lhe disse isso, mas Maggie e eu começamos quando éramos crianças muito pequeninas, pequenas e inocentes demais para compreendermos o que fazíamos. Nossa irmã Leah contava vinte e três anos mais que nós. Iniciadas no caminho do engano e encorajadas a isso, continuamos, é claro. Outros, com bastante idade para se envergonharem de tal infâmia, apresentaram-nos ao mundo. Minha irmã Leah publicou um livro intitulado 'O Elo que faltava ao Espiritismo'. Pretende contar a verdadeira história do movimento, tanto quanto se originou conosco. Ora, só há no livro falsidade do início ao fim. Salvo o fato de que foi Horace Greeley que me educou. O restante é uma cadeia de mentiras.'*

"*E quanto às manifestações de Hydesville em 1848 e aos ossos encontrados na adega, e o mais?*

"*Tudo fraude, sem exceção. Contudo, Maggie e eu somos as fundadoras do espiritismo!, concluiu a Sra. Jencken.*

"*Debaixo do nome dessa terrível, horrorosa hipocrisia — o espiritismo — tudo que há de impróprio, mau e imoral é praticado. Vão tão longe a ponto de terem o que chamam 'filhos espirituais'! Pretendem algo como a imaculada Conceição! Coisa alguma poderia ser mais blasfematória, mais nojenta, mais altamente fraudulenta! Em Londres, fui, disfarçada, a uma sessão privada em casa de um homem rico. Vi uma chamada 'materialização'. O efeito foi obtido por meio de papel luminoso cujo brilho se refletia sobre o refletor. A figura assim exibida era a de uma mulher — virtualmente em nu; envolvia-a uma gaze transparente. O rosto apenas se achava oculto. Era essa uma das sessões a que são admitidos alguns amigos privilegiados, não 'crentes', de espíritas 'crentes'. Há, porém, outras sessões a que só são admitidos os mais provados e fiéis; ocorrem as coisas mais vergonhosas, que rivalizam com as saturnálias secretas dos antigos romanos. Não posso descrever-lhe essas coisas, porque não ousaria'."*

Continua o padre, nas suas costumeiras agressões: "*O Jornal 'The World', de 22/10/1888, publicou a crônica da famosa sessão na Academia de Música de Nova Iorque, ocorrida na noite de 21/10/1888. A Sra. Margareth Fox Kane proferiu então, perante grande público, caloroso depoimento, que também se lê no livro de Davenport: 'The Death — Blow to Spiritualism' (New York, 1888); desta obra extraímos o seguinte texto: "No dia 21 de outubro de 1888, a Sra. Margareth Fox Kane realizou pela primeira vez seu intento de, com os próprios lábios, denunciar publicamente o espiritismo e seu séquito de truques. Apresentou--se à Academia de Música em Nova York perante numerosa e distinta assembléia e, sem reservas, demonstrou a falsidade de tudo quanto no passado fizeram sob o disfarce da 'mediunidade' espírita.*

"Foi dura provação. A grande tensão nervosa de que padecia tornou-lhe a mente altamente excitada, e o grande número de espíritas presentes na casa tentava criar uma perturbação, ou uma diversão desleal que teria por fim romper a força de renúncia da Sra. Fox. Falharam, porém, completamente, graças ao caráter superior que possuía a maioria de seus ouvintes.

"O efeito moral dessa exibição não poderia ter sido maior.

"A Sra. Kane manteve-se de pé sobre o palco; tremendo e possuída de intensos sentimentos, fez a seguinte e extremamente solene abjuração do espiritismo, enquanto a Sra. Catharine Fox Jencken assistia de um camarote vizinho, dando, por sua

presença, inteiro assentimento a tudo que a irmã dizia: 'Deveis, sem dúvida, saber que tenho sido o principal instrumento em perpetrar a fraude do espiritismo num público demasiadamente confiante.'

"O maior sofrimento de minha vida é que essa é a verdade. Embora tenha essa hora chegado tarde, estou agora preparada para dizer a verdade, toda a verdade e nada senão a verdade — a isso Deus me ajude!

"Há, provavelmente, muitos aqui presentes que me hão de desprezar por causa de engano a que me tenho entregue; contudo, se soubessem a história verdadeira do meu passado infeliz, a viva agonia, a vergonha que tem sido para mim, haveriam de me lamentar, não reprovar.

"A impostura que por tanto tempo mantive, começou na minha tenra meninice, quando, o espírito e o caráter ainda não formados, era incapaz de distinguir entre o bem e o mal.

"Quando atingi a maturidade, eu me arrependi. Tenho vivido anos através do silêncio, timidez, desprezo e amarga adversidade, ocultando, o melhor que pude, a consciência de minha culpabilidade. Agora, graças a Deus e à minha consciência despertada, estou enfim apta a revelar a verdade fatal, a verdade exata dessa hedionda fraude que tantos corações tem feito mirrar e obscurecido tantas vidas.

"Esta noite estou aqui como uma das fundadoras do espiritismo, para denunciá-lo como absoluta falsidade, do princípio ao fim, como a mais frívola das superstições, a mais maldosa blasfêmia do mundo'. (Os depoimentos aqui descritos encontram-se na obra de D. Boaventura Kloppenburg: 'O Espiritismo no Brasil', Ed. Vozes, Petrópolis, 1960, pp. 426-447, onde se encontra também a cópia 'fac-simile' das respectivas páginas dos orignais ingleses.)"

Mais uma vez, o eclesiástico se socorre de fatos desatualizados. Arthur Conan Doyle, escritor reputado, ídolo literário de muitos, traz o esclarecimento necessário; inclusive, acrescido da compenetração do erro em que incorreram as médiuns: "*...Margareth (Mrs. Fox-Kane) tinha se juntado a irmã Kate na Inglaterra em 1876 e permaneceram juntas por alguns anos, até que ocorreu o lamentável incidente que deve ser* *analisado agora. Parece que houve uma discussão amarga entre a irmã mais velha, Leah (então Mrs. Underhill) e as duas mais moças. É provável que Leah tivesse sabido que havia então uma tendência para o alcoolismo e tivesse feito uma intervenção com mais força do que tato... Alguns espíritas também interferiram e deixaram as duas irmãs meio furiosas, pois tinha sido sugerido que os dois filhos de Kate fossem separados dela. (História do Espiritismo, ed. Pensamento, pgs. 104 e 105)*

"Procurando uma arma — uma arma qualquer — com a qual pudessem ferir aqueles a quem tanto odiavam, parece que lhes ocorreu — ou, de acordo com seu depoimento posterior, que lhes foi sugerido sob promessa de vantagens pecuniárias — que se elas injuriassem todo o culto, confessando que fraudavam, iriam ferir a Leah e a todos os confrades no que tinham de mais sensível. Ao paroxismo da excitação alcoólica e da raiva juntou--se o fanatismo religioso, pois Margareth tinha sido instruída por alguns dos principais Espíritos da Igreja de Roma, e convencida — como também ocorreu com Home durante algum tempo — que suas próprias forças eram maléficas. Ela se refere ao Cardeal Manning como tendo-a influenciado neste sentido, mas tal declaração não pode ser levada muito a sério. De qualquer modo, todas essas causas combinadas a reduziram a um estado vizinho da loucura. Antes de deixar Londres escreveu ao 'New York Herald' denunciando o culto, mas sustentando numa frase que as batidas 'eram a única parte dos fenômenos digna de registro'. Chegando a New York onde, conforme sua subseqüente informação, deveria receber certa quantia pela sensacional declaração prometida ao jornal, teve uma verdadeira explosão de ódio contra sua irmã mais velha.

"É um curioso estudo psicológico e, também, curiosa a atitude mental do povo, imaginar que as declarações de uma mulher descontrolada, agindo sob o império do ódio, mas, também — como ela própria o confessou — na esperança de recompensa em dinheiro, pudesse prejudicar uma investigação criteriosa de uma geração de observadores. (...) (Ibidem, pg. 105)

"(...) O escândalo de Margareth Fox-Kane foi em agosto e setembro de 1888 — aproveitado pelo jornal que a havia explorado. Em outubro ela veio unir-se à sua irmã. Era preciso

explicar que a disputa, até onde se pode saber, era entre Kate e Leah, porque esta última tinha tentado separar Kate dos filhos, alegando que a influência materna não era boa. Portanto, embora Kate não se irritasse e deliberadamente não desse demonstrações públicas ou particulares, se havia aliado à irmã com o objetivo comum de derrubar Leah a qualquer preço.

" 'Foi ela a causadora de minha prisão na última primavera', declarou Kate, 'originando a posterior acusação de que eu era cruel para com os meus filhos. Não sei por que sempre teve inveja de Maggie e de mim; talvez porque nós pudéssemos fazer coisas no Espiritismo de que ela era incapaz.'

"Ela se achava presente na Sala de Música, na sessão de 21 de outubro, na qual Margareth firmou a sua reputação, produzindo batidas. Ficou calada na ocasião, mas o silêncio pode ser tomado como uma aprovação àquilo que então ouvia. (Ibidem, pg. 106)

"Se assim o foi, se disse aquilo que o repórter publicou, seu arrependimento deve ter vindo muito rapidamente. A 17 de novembro, menos de um mês após a famosa sessão, escreveu ela a uma senhora de Londres, Mrs. Cottell, que residia na velha casa de Carlyle, esta admirável carta de New York e publicada no Light, em 1888, página 619: 'Eu lhe deveria ter escrito antes, mas minha surpresa foi tão grande, ao chegar e saber das declarações de Maggie sobre o Espiritismo, que não tive ânimo de escrever a ninguém.

'O empresário da exibição arranjou a Academia de Música, o maior auditório da cidade de New York; ficou superlotado.

'Fizeram uma renda de mil e quinhentos dólares. Muitas vezes desejei ter ficado com você e se tivesse meios agora voltaria para me livrar de tudo isso.

'Agora penso que podia fazer dinheiro, provando que as batidas não são produzidas pelos dedos dos pés. Tanta gente me procura por causa da declaração de Maggie que me recuso a recebê-los.

'Insistem em desmascarar a coisa, se puderem; mas certamente não o conseguirão.

'Maggie está realizando sessões públicas nas grandes

cidades americanas, mas só a vi uma vez desde que cheguei.'

"Esta carta de Kate denuncia a tentação do dinheiro representando um grande papel na história. Entretanto parece que cedo Maggie verificou que rendia pouco e que não havia vantagem em dizer mentiras pelas quais não era paga e que apenas provavam que o movimento espírita se achava tão firmemente estabelecido que não chegava a ser abalado por sua traição. Por esta ou por outras razões — esperamos que com algum remordimento de consciência pela parte que havia tomado, agora admitia ela que estivera dizendo falsidades pelos mais baixos motivos. A entrevista foi publicada na imprensa de New York a 20 de novembro de 1889, cerca de um ano depois do escândalo. (Ibidem, pg. 107).

"Preza a Deus", — disse ela com voz trêmula de intensa excitação — "que eu possa desfazer a injustiça que fiz à causa do Espiritismo quando, sob intensa influência psicológica de pessoas inimigas dele, fiz declarações que não se baseiam nos fatos. Esta retratação e negação não parte apenas do meu próprio senso daquilo que é direito, como também do silencioso impulso dos Espíritos que usam o meu organismo, a despeito da hostilidade da horda traidora que prometeu riqueza e felicidade em troca de um ataque ao Espiritismo, e cujas esperançosas promessas foram tão falazes... (Ibidem, pgs 107 e 108)

"Muito antes que falasse a quem quer que fosse sobre este assunto, estava sendo incessantemente advertida por meu Espírito-Guia daquilo que devia fazer; por fim cheguei à conclusão de que era inútil contrariar as suas recomendações...'

"— Não houve qualquer consideração de ordem monetária nesta declaração?

"— Não, por mínima que fosse; absolutamente.

"— Então a senhora não visa vantagens pecuniárias?

"— Indiretamente, sim. O Sr. sabe que embora governado pelos espíritos, um instrumento mortal deve zelar pela manutenção da vida. Isto pretendo conseguir de minhas conferências. Nem um centavo me veio às mãos em conseqüência da atitude que tomei.

"— Por que motivo denunciou as batidas dos Espíritos?

"— Naquela ocasião necessitava muito de dinheiro, e

criaturas, cujo nome prefiro não citar, se aproveitaram da situação. Daí a embrulhada. Também a excitação ajudou a perturbar o meu equilíbrio mental.

"— *Qual o objetivo das pessoas que a induziram a fazer a confissão que a senhora e todos os outros médiuns traficavam com a credulidade do povo?*

"— *Visavam diversos objetivos. O primeiro e mais importante era a idéia de esmagar o Espiritismo, fazer dinheiro para si mesmos e provocar uma grande excitação, por lhes ser um elemento favorável.*

"— *Havia alguma verdade nas acusações que a senhora fez do Espiritismo? (Ibidem, pg. 108).*

"— *Aquelas acusações eram falsas em todas as minúcias. Não hesito em dizê-lo... Não. Minha crença no Espiritismo não sofreu mudanças. Quando fiz aquelas terríveis declarações não era responsável por minhas palavras. Sua autenticidade é um fato incontroverso. Nem todos os Herrmans vivos serão capazes de reproduzir as maravilhas que se produzem através de alguns médiuns. Pela habilidade manual e por meio de espertezas podem escrever em papéis e lousas, mas mesmo assim não resistem a uma investigação acurada. A produção da materialização está acima de seu calibre mental e desafio a quem quer que seja a produzir batidas nas condições em que as produzo. Não há ser humano na Terra que possa produzir as batidas do mesmo modo que elas o são por meu intermédio. (Ibidem, pgs. 108 e 109)*

"— *Propõe-se fazer sessões?*

"— *Não. Dedicar-me-ei inteiramente ao trabalho de propaganda, pois este me dará melhores oportunidades para refutar as calúnias que eu mesma lancei contra o Espiritismo.*

"— *Que diz sua irmã Kate de sua presente atitude?*

"— *Está de pleno acordo. Ela não concordou com a minha atitude no passado.*

"— *Terá um empresário para o seu ciclo de conferências?*

"— *Não, senhor. Eu lhes tenho horror. Também eles me ultrajaram muito. Frank Stehen tratou-me vergonhosamente. Fez muito dinheiro à minha custa e deixou-me em Boston sem um centavo. Tudo quanto recebi dele foram quinhentos e cinqüenta dólares, dados no começo do contrato.'*

"Para dar maior autenticidade à entrevista, por sugestão dela foi escrita a seguinte carta aberta, à qual ela apôs a sua assinatura:

'128, West Forty-third Street
New York City
'16 de novembro de 1889. (Ibidem, pg. 109)

"AO PÚBLICO.

"*Tendo-me sido lida a entrevista que se segue, nada encontrei que não fosse a expressão correta de minhas palavras e exata expressão de meus sentimentos.* Não fiz um relato minucioso dos meios e modos empregados para me levar à sujeição e arrancar-me uma declaração de que os fenômenos espíritas, manifestados através de meu organismo, eram fraudulentos. Reservar-me-ei para preencher esta lacuna quando subir à tribuna de propaganda.'

"A autenticidade desta entrevista foi comprovada por algumas testemunhas, em cujo número se incluem J. L. O'Sullivan, Ministro dos Estados Unidos em Portugal, durante vinte e cinco anos. Disse ele: 'Se alguma vez eu ouvi uma mulher dizer a verdade, foi nessa ocasião'." (Ibidem, pgs. 109 e 110)

Após a refutação, realizada em 1889, e a descoberta do esqueleto, em 1904, emparedado na adega da casa que pertenceu aos Fox, que corroborou inteiramente a veracidade dos fenômenos mediúnicos, vem o padre, tentando ferir os fatos autênticos, com depoimentos desatualizados, plenamente desmentidos e contestados.

A seguir, prossegue o clérigo, nas suas acusações contra o Espiritismo: '*Notemos que, além da explicação por truques, ocorre a explicação pela parapsicologia, quando se trata de fenômenos mediúnicos. Em nossos dias pode-se crer que a maioria dos médiuns e freqüentadores do Espiritismo são pessoas sinceras e de boa fé; sem o saber, estão provocando fenômenos parapsicológicos, que elas atribuem à intervenção de 'espíritos desencarnados'* ".

Mais uma vez, o reverendo se torna repetitivo, referindo-se de novo à parapsicologia, como se a mesma fosse dotada de algum miraculoso poder ou imbuída de capacidade para anatematizar a

Doutrina dos Espíritos de Jesus.

Afirma o sacerdote católico, com mais um ataque pessoal, esquecido de ostentar as virtudes cristãs de um religioso, seguidor do "representante maior de Jesus na Terra, o Papa": "*maioria* dos médiuns e freqüentadores do Espiritismo são pessoas sinceras e de boa fé". É fácil concluir pelo julgamento do "pastor de ovelhas" que existem muitos profitentes espíritas que não se encontram na afortunada maioria.

Conclui a "Segunda Razão", sem nenhuma originalidade, de forma repetitória, reforçando, em todos os seus descompromissados leitores, a idéia de que quando alguém repisa muito um assunto, não está muito seguro do que pensa: "*...sem o saber, estão provocando fenômenos parapsicológicos, que eles atribuem à intervenção de espíritos desencarnados*".

Pelo menos, em pleno século XX, não se ouve mais dos dogmáticos a afirmativa de que as reuniões espíritas são presididas pelo diabo. Já houve algum avanço. Breve chegarão à descoberta do fator espiritual na gênese dos fenômenos paranormais.

Doutrina dos Espíritos de Jesus!

Arruma o sacerdote católico, com mais um ataque pessoal, esquecido de orientar os estudos cristãos de um religioso, sem dúvida, do representante maior da Igreja na Terra, o Papa: a maioria dos médiuns e de organizadores do Espiritismo são pessoas sem classe, de baixa. É fácil concluir, pelo julgamento do "pastor de ovelhas" que existem alguns proficientes espíritas que não se encontram na desafortunada maioria.

Conclui a "Segunda Razão" sem nenhuma originalidade de forma repetitória, reforçando, em todos os seus descompromissados leitores, a ideia de que quando alguém repisa muito um assunto, não está muito seguro do que pensa: "... sem o saber, estão provocando fenômenos paranormais, que eles atribuem à interferência de espíritos desencarnados".

Pelo menos, em pleno século XX, não se ouve mais dos dogmáticos a afirmativa de que as manifestações espíritas são provocadas pelo diabo. Já houve algum avanço. Deve-se isto à descoberta do fator espiritual na gênese dos fenômenos paranormais.

CAPÍTULO IV

"Terceira Razão: Fator de Doenças Mentais"

Agora, o prelado não se constitui em um isolado agressor do Espiritismo, cita também outros adversários da nossa crença, definindo-os como "*grandes médicos do Brasil*". Alude ao responsável pelos infelizes depoimentos, o seu colega de batina, D. Boaventura, que somente publicou os testemunhos contrários à Doutrina Consoladora de Jesus.

Posso frisar que como médico, com mais de vinte anos de profissão, ao lado das minhas tarefas de profitente espírita praticante, nunca me deparei ou soube de algum caso de doença mental causada pelo exercício da mediunidade, dentro do âmbito espírita. O que já constatei foi, exatamente, o contrário: pacientes portadores de desordem mental serem curados, por intermédio das reuniões mediúnicas denominadas desobsessão.

O clérigo talvez desconheça ou finja não saber que a máxima da Doutrina Espírita é: "*Fora da Caridade não há salvação*". Portanto, a solidariedade, a fraternidade, o amor, são praticados e exercidos por todos os espíritas, como um reflexo do mais puro Cristianismo.

Uma religião, que vivencia os ensinamentos do Cristo, na qual se trabalha avidamente sem nenhum interesse pessoal ou pecuniário (*vive-se para* a religião e *não da* religião), que revive o Cristianismo, em toda a sua pureza original, sem o dedo do homem eclesiástico a macular a sua sagrada essência, que se dedica avidamente a curar os enfermos, não pode nunca "*tornar-se foco de doenças mentais*".

Os Espíritos que se comunicam, nas reuniões mediúncias, são arautos do Cristo, constituindo a grande falange do Consolador ou Espírito da Verdade prometida por Ele à Humanidade.

O Mestre disse que o Consolador "não falaria por si mesmo" (*não é o próprio Deus*), "mas DIRÁ TUDO O QUE TIVER OUVIDO (*é um mensageiro*) e vos anunciará as cousas que hão de vir" (João 16:13).

No meu entender: maior consolo, proporcionado pelas comunicações das falanges do Consolador com os homens, é exatamente a de dar a todos a certeza da imortalidade da alma. Ministrar ao viajor do caminho terreno o alento necessário de que é um espírito imortal, reencarnado, e que o seu destino final é a perfeição, dentro do Universo.

Tudo isso é negado pelo Pe. Estêvão, um religioso, crente em Deus e em Jesus. Já imaginou, caro leitor, o que pensam, então, do Espiritismo, os ateus?

A seguir, o sacerdote publica no seu opúsculo, os depoimentos dos "*grandes médicos do Brasil*", *começando pelo Dr. Luís Robalinho Cavalcanti:*

"Não é aconselhável promover o desenvolvimento das faculdades mediúnicas, desde que se trata de fenômenos psicopatológicos prejudiciais ao indivíduo.

"O médium deve ser considerado como uma personalidade anormal, predisposto a enfermidades mentais, ou já portador de psicopatias crônicas ou em evolução.

"As práticas mediúnicas são prejudiciais à saúde mental da coletividade, retardando o tratamento dos pacientes, que muitas vezes chegam às mãos do médico com enfermidade já cronificada.

"O Espiritismo põe em evidência enfermidades mentais preexistentes e desencadeia reações psicopatológicas em predispostos.

"São convenientes medidas que visem a evitar a prática de atividades médicas e terapêuticas por se tratar de contravenção, proibida pelas leis sanitárias, que só reconhecem ao médico com diploma devidamente registrado nos órgãos competentes o direito de tratar pessoas doentes".

Rebatendo o que foi dito acima, mais uma vez, utilizo-me de Chico Xavier. Além de ser o mais conhecido dos médiuns, pela farta documentação e laboriosa produção mediúnica, foi muito estudado e examinado por sinceros facultativos e experimentadores psíquicos do Brasil e do Exterior.

Os pareceres médicos concluíram que o Sr. Francisco Cândido Xavier não é portador de qualquer condição mental patológica. Ao mesmo tempo, já na década de oitenta, seus comentários são sóbrios, não apresentando sequer um grau pequeno de Esclerose Cerebral.

O mesmo comentário, posso também atestar, como médico, de todos os médiuns que conheci e conheço. São seres que primam pelo amor ao próximo, acima de qualquer conveniência pessoal.

O segundo facultativo relacionado é o Dr. Francisco Franco: "Provocar fenômenos espíritas é desaconselhável porque danoso para o organismo; o médium torna-se um neurastênico, autômato, visionário, abúlico, antecâmara à esquizofrenia, um indivíduo perigoso para si e à sociedade.

"O médium nunca pode ser normal pelas razões expostas acima.

"O Espiritismo é uma farsa, portanto nula a sua finalidade.

"O Espiritismo está colocado em primeiro lugar como fator de loucura e de outras perturbações patológicas, agindo sobretudo nas mentalidades fracas e particularmente nas sugestionáveis.

"O Espiritismo é o maior fator produtor de insanos que perambulam pelas ruas, enquanto grande percentagem enchem os manicômios, casas de saúde, segundo a opinião de abalizados psiquiatras, como Austregésilo Juliano Moreira, Franco da Rocha, Pacheco e Silva..."

Nenhum valor pode ser dado a uma afirmação que revela, acima de tudo, um sentimento antifraterno, anticristão, fazendo coro com mentes desestruturadas, aliadas das falanges que visam à desordem, à alienação dos seres e à manutenção de um estado vetusto de ortodoxia e de intolerância.

Os mesmos anátemas de ontem, impregnados de ódio e

de ignorância.

O escritor católico, publicando tal ignomínia, faz-me lembrar os mesmos sacerdotes do passado que, habilmente, se utilizavam das fogueiras e das torturas para impor os seus dogmas.

Em fins do século V, a Igreja assassinava dois médiuns, Patrício e Hilário, acusados de magia por se comunicarem com os Espíritos, através das mesas girantes e pelos "raps".

Os sacerdotes de antanho, incapazes e indignos, opunham-se à liberdade de pensamento e, ligados ao poder temporal, totalmente contrários à Doutrina de um Cristo que dizia não ser a Terra o seu reino, tentavam abafar os clarões da inteligência, por meio dos métodos da Inquisição e de assalto aos bens alheios.

O bispo Ário foi anatematizado por não concordar com a deificação de Jesus. O século IX é conhecido pelos escândalos pontificiais. É o tempo em que os papas, sanguinários e mundanos, eram designados por mulheres dissolutas, como Teodora e Marozzia.

Dando crédito ao Dr. Francisco Franco, os clérigos fazem-me recordar da comissão de sábios frades que, no início do século X, foi constituída pelo papa João XV, para viajar até o ponto em que a terra e o céu se unissem, tentando demonstrar que o mundo era chato, tentando ridicularizar os sábios que afirmavam sê-lo redondo.

Cinco anos após, os "sábios" sacerdotes regressavam, afirmando que encontraram o local desejado, ao ponto de terem que abaixar as cabeças para não tocar no céu.

Realmente, os parapsicólogos de batina estão muito bem acompanhados e estão fazendo todo o possível para reverenciar e homenagear seus ilustres colegas do pretérito.

Depois, vêm, na desacreditada obra católica, os testemunhos de diversos médicos, com depoimentos antiespíritas:

— Dr. Oswaldo Morais Andrade:

"O Espiritismo é prejudicial, principalmente nos meios incultos.

"É tese assente em Psiquiatria que o Espiritismo pode agir como fator desencadeante de distúrbios mentais em indivíduos predispostos.

"Aprovo uma campanha de esclarecimento da população

contra a prática mediúnica".

— Dr. Franco da Rocha:

"No livro 'Esboço de Psychiatria Forense', p. 32, escreve:

'A propósito das reuniões espíritas, num trabalho recente escreveram Sollier e Boissier: 'Em benefício da profilaxia seria de conveniência divulgar os acidentes causados pela freqüência às sessões espíritas. Charcot, Forel, Vigoroux, Henneberg e outros publicaram exemplos de pessoas, sobretudo moças, anteriormente sãs, que se tornaram histéreo-epilépticas, em conseqüência de terem tomado parte nas cenas de evocação dos espíritos. É o resultado de automatismo, um exercício metódico para o desdobramento e desagregação da personalidade. Aqui fazem explodir ou agravam a neurose, acolá despertam e sistematizam a tendência à vesânia, que uma vida regular e bem dirigida teria abafado. Tais são os perigos que devem ser conhecidos'."

— Dr. Juliano Moreira:

"Respondeu nos termos abaixo a um inquérito realizado pelo Dr. João Teixeira Alvares, que publicou as respectivas respostas no livro "O Espiritismo" (Uberaba, 1914), pp. 122-125: 'Tenho visto muitos casos de perturbações nervosas e mentais evidentemente despertadas por sessões espíritas. No Hospital Nacional, não raro, vêm ter tais casos.

'Até hoje não tive a fortuna de ver um médium, principalmente os chamados videntes, que não fosse neuropata'."

— Dr. Joaquim Dutra:

"Respondeu ao mesmo inquérito: 'As práticas espíritas estão incluídas, e com certa proeminência, entre as causas e efeitos das moléstias mentais, incluindo diretamente, pelas perturbações emotivas, com um coeficiente avolumado, para a população dos manicômios.

'Exageradas, até se tornarem preocupação dominante, elas preparam a loucura, quando não são mesmo uma denúncia da existência de loucura.

'Por impressionáveis, tais práticas concorrem para a alucinação, determinando emoções que acarretam perturbações vasomotoras ou que provocam concentração psíquica, estados de abstração, perturbações graves nas funções vegetativas, alterações nas secreções internas, redundando tudo em auto-intoxicação...'."

— Dr. Antônio Austregésilo:

"Em resposta ao Dr. João Teixeira Alvares: 'O Espiritismo é no Rio de Janeiro uma das causas predisponentes mais comuns de loucura.

'Os médiuns devem ser considerados indivíduos neuropatas próximos da histeria.

'O Espiritismo é uma neurose provocada pela fácil auto-sugestibilidade, em que há predominância das alucinações psicosensoriais, sendo não raro histeria ou em estado histeróide'.

"Tais depoimentos dispensam qualquer comentário. A experiência cotidiana os comprova amplamente."

Esclarecendo a todos os facultativos relacionados aproveito a excelente obra *"Reencarnação e Imortalidade"*, do confrade Hermínio P. Miranda, publicada pela FEB (Federação Espírita Brasileira), onde, nas pags. 66 e 67, estão inseridas as seguintes explicações, baseadas no livro *"Além do Inconsciente"*, do médico Jayme Cervinõ, também editado pela FEB: "Respondendo com serenidade aos que ainda pregam a desmoralizada doutrina de que o Espiritismo produz loucos, o Dr. Cervinõ lembra que, ao contrário, 'o que chamamos genericamente de mediumopatia, uma forma mórbida de mediunismo, muitas vezes incipiente... tende a normalizar-se pelo exercício ponderado e autocontrolado da própria 'faculdade' ".

"Ademais, ninguém com maior autoridade e clareza do que o próprio Kardec advertiu sobre a prática tumultuada da mediunidade. Para isso, o Dr. Cervinõ cita "O Livro dos Médiuns" onde Kardec escreveu: 'Há pessoas relativamente às quais se devem evitar todas as causas de sobreexcitação e o exercício da mediunidade é uma delas".

"E mais adiante: 'A mediunidade não produzirá a loucura quando esta já não exista em gérmem; porém, existindo este, o bom senso está a dizer que se deve usar a cautela, sob todos os pontos de vista, porquanto qualquer abalo pode ser prejudicial."

Em "O Livro dos Espíritos" (FEB) pags. 41 e 42, Allan Kardec, a respeito do assunto, diz o seguinte: "Todas as grandes preocupações do espírito podem ocasionar a loucura: as ciências, as artes e até a religião lhe fornecem contingentes. A loucura tem como causa primária uma predisposição orgânica do cérebro, que o torna mais ou menos acessível a certas impressões. Dada a predisposição para a loucura, esta tomará o caráter de preocupação principal, que então se muda em idéia fixa, podendo tanto ser a dos Espíritos, em quem com eles se ocupou, como a de Deus, dos anjos, do diabo, da fortuna, do poder, de uma arte, de uma ciência, da maternidade, de um sistema político ou social. Provavelmente, o louco religioso se houvera tornado um louco espírita, se o Espiritismo fora a sua preocupação dominante, do mesmo modo que o louco espírita o seria sob outra forma, de acordo com as circunstâncias.

"Digo, pois, que o Espiritismo não tem privilégio algum a esse respeito. Vou mais longe: digo que, bem compreendido, ele é um preservativo contra a loucura.

"*Entre as causas mais comuns de sobreexcitação cerebral, devem contar-se as decepções, os infortúnios, as afeições contrariadas, que, ao mesmo tempo, são as causas mais freqüentes de suicídio. Ora, o verdadeiro espírita vê as coisas deste mundo de um ponto de vista tão elevado; elas lhe parecem tão pequenas, tão mesquinhas, a par do futuro que o aguarda; a vida se lhe mostra tão curta, tão fugaz, que, aos seus olhos, as tribulações não passam de incidentes desagradáveis, no curso de uma viagem. O que, em outro, produziria violenta emoção, mediocremente o afeta. Demais, ele sabe que as amarguras da vida são provas úteis ao seu adiantamento, se as sofrer sem murmurar, porque será recompensado na medida da coragem com que as houver suportado. Suas convicções lhe dão, assim, uma resignação que o preserva do desespero e, por conseguinte, de uma causa permanente de loucura e suicídio. Conhece também, pelo espetáculo que as comunicações com os Espíritos lhe proporcionam, qual a sorte dos que voluntariamente abreviam seus dias e esse quadro é bem de molde a fazê-lo refletir, tanto que a cifra muito considerável já ascende o número dos que foram detidos em meio desse declive funesto. Este é um dos resultados do Espiritismo. Riam quanto queiram os incrédulos. Desejo-lhes as consolações que ele prodigaliza a todos os que se hão dado ao trabalho de lhe sondar as misteriosas profundezas.*"

No livro: "*Visão Espírita nas Distonias Mentais*", o psiquiatra Jorge Andréa, ainda sobre o assunto em tela, assim se expressa:

"O Espiritismo ainda é o grande desconhecido. E, por ser desconhecido, é avaliado do modo mais desencontrado possível. Os seus opositores, na maioria das vezes, pouco sabem de sua estruturação filosófica, científica e ética.

"O combate, quase sempre, é gratuito. Existem casos de aversões, com certa dose de medo, desencadeados por informações defeituosas e sectaristas. Em dias que não se vão longe a visão deturpada alcançou tal ponto que alguns chegaram a acreditar ser o Espiritismo fábrica de debilidade mental. Hoje, entretanto, já não existe tal procedimento, ao menos nos que raciocinam, observam e estudam. Os hospitais espíritas, em suas estatísticas, têm mostrado posições animadoras com os doentes mentais pela utilização de terapêutica eclética e os novos horizontes dos métodos alternativos, sem descaso pelo que já foi conquistado pela ciência.

"Espiritismo é doutrina de novos tempos, com a mais perfeita estruturação psicológica que se tem conhecimento. Representa uma verdadeira renascença para as idéias universalistas. É doutrina simples de apresentação e complexa em sua essência por açambarcar todos os campos do conhecimento humano. Os seus conceitos, além de alcançarem a realidade do dia-a-dia, oferecem condições e valores ideais para a conduta humana." (Edição FEB, pags. 17 e 18).

A seguir, o reverendo católico assim se pronuncia: "*Tais depoimentos dispensam qualquer comentário. A experiência cotidiana os comprova amplamente*".

Pelas afirmações dos médicos Andréa e Cervinõ, a temática foi totalmente esclarecida e dispensa realmente qualquer comentário; principalmente, ressaltando que os depoimentos antiespíritas estão superados, vetustos, desatualizados.

O querido escritor Hermínio C. Miranda, ainda no expressivo livro de sua autoria "Reencarnação e Imortalidade" (Edição FEB), aborda, com muita propriedade, o fato de pesquisadores da mente, ainda "*estarem mergulhados nas sombras da matéria densa, enquanto o espírito parece esquecido de si mesmo*". Ele diz o seguinte: "A contribuição que a nossa Doutrina tem a oferecer aos diversos ramos do conhecimento humano não foi ainda sequer avaliada fora dos círculos essencialmente espíritas. A psicanálise ainda está contida nos estreitos compartimentos de uma só vida humana; a psicologia, pelas suas figuras mais eminentes e representativas, procura estudar a mente sem admitir a existência do espírito e sua sobrevivência à morte do corpo; a parapsicologia, que nasceu cercada de tantas esperanças, estiola-se infestada de dissidências internas. Grupos puramente mecanicistas procuram explicar tudo em termos de fisiologia nervosa, dispensando totalmente qualquer hipótese de interferência espiritual sobrevivente, e atribuindo tudo à atividade da mente. Mente, aliás, é a palavra-chave que serve para todas as situações, que aceita qualquer explicação, que oferece recursos para todas as retiradas. Mas que é mente? Parece que há tantas definições e conceitos quantas são as correntes dentro da parapsicologia. Ainda sobre esses aspectos *vale a pena lembrar a curiosa posição de sacerdotes ditos cristãos, de mãos dadas com pesquisadores declaradamente materialistas desinteressados ambos da atuação do espírito sobrevivente, tentando explicar tudo em termos de atividade mental do ser encarnado* (pgs. 120 e 121).

"Pelo que ficou dito, e muito mais que o limite de espaço concedido a um mero artigo não pode conter é que acolhemos com profundo interesse e renovadas esperanças um depoimento tão bem documentado e corajoso com o livro 'Many Lifetimes' ('Muitas Existências'), escrito pelo Dr. Denys Kelsey e sua esposa, Joan Grant. Ele, médico, filiado ao famoso Royal College of Physicians, de Londres, e ela, escritora e médium de muitos recursos. A obra foi editada originariamente pela Doubleday, em 1967, e o tema fundamental que une entre si os dez capítulos — escritos alternadamente pelo médico e sua esposa — é a reencarnação.

"O Dr. Kelsey não passou diretamente da Faculdade de Medicina para a prática da psiquiatria. Antes, exerceu a clínica, num hospital militar. Seu encontro com os problemas do espírito deu-se de maneira inesperada. Um colega caiu vitimado por uma epidemia de influenza e o Dr. Kelsey foi convidado a acumular, tanto quanto possível, os encargos da ala dedicada à psiquiatria. Na noite de sua estréia, de maneira inteiramente acidental e praticamente por intuição, hipnotizou um paciente agitadíssimo que dois homens mal conseguiam conter. Estava aberta diante de seus olhos uma larga janela sobre os mistérios do espírito. (Ibidem, pg. 121).

"O Dr. Kelsey fez progressos rápidos, dedicando-se à psiquiatria e associando-a criteriosamente à hipnose. Dentro de algum tempo tropeçou na idéia da reencarnação. A princípio relutou em aceitá-la e incorporá-la como legítimo instrumento de trabalho ao seu arsenal de conhecimentos. Mas a evidência foi esmagadora e por isso inicia o seu primeiro capítulo — ou seja, o segundo do livro — com estas palavras eminentemente positivas: 'Gostaria que todos participassem de minha crença na reencarnação. Acho que isso os tornaria muito mais felizes, muito menos assustados e muito mais sadios. É ainda bastante desusado para um psiquiatra adotar essa crença e tomá-la como base da sua terapia.'

"Essa convicção não lhe chegou por um súbito 'flash'; ao contrário veio lentamente e por etapas, à medida que adquiria experiência em sua clínica particular, depois de deixar o hospital militar, onde teve o seu primeiro contacto com a realidade do espírito. Diz ele que somente após quatro anos de prática psiquiátrica deu com um caso que o 'forçou' à certeza intelectual de que há no ser humano um componente não-físico. E prossegue: 'Receber esse ensinamento como matéria dogmática ou doutrinária é uma coisa; ser compelido à mesma conclusão por nossa própria experiência é muito diferente." (Ibidem, pgs. 121 e 122)

E o religioso conclui que "*a experiência cotidiana os comprova amplamente*", isto é, ratifica todas as agressões remetidas contra o Espiritismo...

O distinto reverendo, com certeza, não desconhece os fatos que, enumeradamente, tenho a dizer, retirando-as do livro "Afinal, que somos?" (Edicel), pgs. 100 a 106:

1) São Paulo, na Primeira Epístola aos Coríntios, descreve com exatidão, sob o nome de dons espirituais, todas as espécies de mediunidade (cap. 12:1-11);

2) Santo Agostinho, bispo de Hipona, nascido em 354 d.C. e desencarnado em 430 d.C., no seu tratado "De Cura pro Mortuis" fala das manifestações do Além, afirmando: "Por que não atribuir esses fatos aos espíritos dos finados, e deixar de acreditar que a

Divina Providência faz de tudo um uso acertado, para instruir os homens, consolá-los e induzi-los ao bem?"

3) O mesmo Agostinho escreveu, entre os anos de 413 d.C. e 427 d.C., "A Cidade de Deus", onde aborda os processos telúrgicos para a comunicação com os Espíritos;

4) Em "Confissões (VIII, 12), Agostinho cita o fato de ouvir uma voz paranormal, dizendo-lhe "toma, lê", instruindo-lhe a estudar as Escrituras;

5) São Clemente de Alexandria e São Gregório de Nice aceitavam as comunicações com os Espíritos. O último, favorável à reencarnação, disse: "a alma imortal deve ser melhorada e purificada; se ela não o foi na existência terrena, o aperfeiçoamento se opera nas vidas futuras e subseqüentes" (Grand Discours Catéchétique, III).

6) São Tomas de Aquino, em "Summa" (I): "O Espírito ("anima separata") pode aparecer aos vivos";

7) Tertuliano, em sua "Apologética": "Se é permitido aos mágicos fazer aparecer fantasmas, evocar as almas dos mortos, obrigar os lábios de uma criança a proferir oráculos, se eles têm as suas ordens espíritos mensageiros, pela virtude dos quais as mesas profetizam, quanto maior zelo e solicitude não empregarão os espíritos poderosos para operarem por conta própria o que executam com o auxílio de outrem?"

8) O cardeal de Bona, o "Fénelon da Itália", em "Da Distinção": "É motivo de estranheza que se possam encontrar homens de bom senso que tenham ousado negar, em absoluto, as aparições e as comunicações das almas com os vivos, ou atribuí-las a uma fantasia da imaginação, ou à arte dos demônios".

9) Escreve o padre Le Brum, em "História das Práticas Supersticiosas": "As almas que desfrutam a bem-aventurança eterna, abismadas na contemplação da glória de Deus, não deixam de se interessar, pelo que respeita aos homens, cujas misérias suportaram; e, como atingiram a felicidade dos puros, todos os escritores sacros lhes atribuem o privilégio de poderem, sob corpos etéreos, tornar-se visíveis aos seus irmãos que ainda se encontram na terra, para os consolar e lhes transmitir as divinas vontades."

10) O padre Marchal, em "O Espírito Consolador": "Ora, quem nos provará que esse envoltório fluídico, invisível no estado

normal, para os nossos olhos carnais, não pode nalguns casos condensar-se, de modo a tornar-se visível, por intermédio da "segunda vista" e até comunicar-se? A história comprova fartamente as aparições dêsse gênero e, se temos o direito de ser muito severos, quando se trata de comprovar a autenticidade, grande erro fora declará-los impossíveis."

11) O padre Steinmetz, vendo o seu duplo no jardim, enquanto se achava no quarto em companhia de alguns amigos, disse-lhes, apontando-se primeiro com o dedo e depois indicando o seu duplo no jardim: "*Aqui está o Steinmetz mortal e lá o Steinmetz imortal.*"

12) O abade Poussin, professor do Seminário de Nice, afirmava que ele próprio "se comunicava com os seres do outro mundo; com os mortos que lhe informavam do estado das almas, pelas quais se interessava, com os santos que o confortavam e lhe ministravam os tesouros da sabedoria."

Como seria importante que a hodierna Igreja Católica respeitasse e aceitasse o pensamento desses prelados de antanho. Na realidade, atacando veementemente aos "heréticos" espíritas de hoje, estão os sacerdotes do Clero rememorando o execrável tempo da Inquisição, de triste memória.

"...Em fins de 1481, só em Sevilha, perto de trezentas pessoas tinham padecido o suplício do fogo, e oitenta haviam sido condenadas a cárcere perpétuo. No resto da província e no bispado de Cádiz, duas mil foram, nesse ano, entregues às chamas, e dezessete mil condenadas a diversas penas canônicas. Entre os supliciados contavam-se pessoas opulentas cujos bens reverteram em benefício do fisco. Para facilitar as execuções, construiu-se em Sevilha um cadafalso de cantaria, onde os cristãos novos eram metidos, lançando-se-lhes depois ao fogo. Este horrível monumento, que existiu até os começos do século XVIII, era conhecido pela expressiva denominação do 'Quemadero'. (Afinal, Quem Somos?, Edicel, pg. 116)

"Em Sevilha, onde mais prosperou, centro que foi da Inquisição espanhola, chegaram-se a revezar turmas de operários para manter aceso o 'Quemadero', ao qual se ateava fogo continuamente para queimar centenas de pessoas de uma só vez, nos intermináveis 'autos-de-fé' que celebrizaram Torquemada, o mais sinistro dos inquisidores.

"A obra do fanatismo inquisitorial era terrível aí, porque, além de perverter a consciência e sufocar o remorso, matava os últimos escrúpulos que permaneciam encobertos pelo beatismo. (Ibidem, pg. 116)

"No século XV a oposição sempre viva no seio da Igreja contra o primado do bispo de Roma, culminou com o estabelecimento de outro papa em Avinhão. E, para maior glória da Igreja, foi 'ferozmente reorganizada a primitiva Inquisição para combater mais extensamente os hereges'. Seus arquivos, só em Portugal, contam mais de 40.000 processos, 'testemunho de cenas medonhas', de atrocidades sem exemplo, de longas agonias'. (Ibidem, pgs. 116 e 117)

"A 15 de abril de 1506 — domingo — após as preces públicas contra a peste que inçava Lisboa e terminada a Procissão de Penitência, inicia-se, fomentado pelo clero, o maior massacre que houve em Portugal — a matança dos cristãos novos — os quais nada mais eram que judeus convertidos obrigatoriamente.

"Não escapou, sequer, da sanha inquisitorial, os que foram se abrigar nas Igrejas, abraçados às imagens dos santos: as 'feras', atiçadas pelos representantes do clero, estimuladas pela onda de ferocidade do tribunal de Torquemada, iam ali arrancá-los e matá--los, sem distinção de sexo e idade. Só à tarde de terça-feira, quando já dominada a revolta, averiguou-se que além dos estropiados, tinham sido assassinadas mais de 2.000 pessoas...

"A Inquisição na América Latina foi menos sanguinária do que nas metrópoles européias. Em compensação, demonstrou-se cúpida e voraz, pois havia aqui maiores riquezas a confiscar, mais ouro a extorquir, seja para a glória da Igreja e dos Estados, seja para a própria bolsa particular dos inquisidores. (Ibidem, pg. 117)

"Estímulo à delação, à espionagem, à corrupção moral e política, empobrecimento de famílias inteiras, criação de um ambiente de temor e permanente suspeição, atraso da cultura, intimidada pela presença esmagadora do Tribunal do Santo Ofício, responsável em grande parte pela acentuação do domínio temporal e espiritual das metrópoles, eis o balanço da obra da 'Santa Inquisição', em vários séculos da história". (Ibidem, pgs. 119 e 120)

Os cientistas também foram perseguidos pelo Clero. "Apesar de todas as precauções que tomou para não irritar o Santo Ofício, o velho e ilustre Galileu foi obrigado a comparecer perante uma comissão de oito cardeais, presidida pelo papa Urbano VIII, onde se viu constrangido a pronunciar, de joelhos, a fórmula seguinte: 'Eu Galileu Galilei, com setenta anos de idade, como prisioneiro da 'Santa Inquisição' e ajoelhado diante de Vossas Eminências, tendo sob os olhos os Santos Evangelhos e tocando-os com as minhas próprias mãos, abjuro, maldigo e detesto o erro e a heresia do movimento da Terra.'

"Sabemos que lhe custou todos os sacrifícios inclusive o da liberdade, quando revoltado, num assomo de coragem, gritou ao regressar ao calabouço: 'E pur si muove'.

"Outro exemplo interessante: Jerônimo de Praga, sacerdote, físico e grande sábio, teve o arrojo de afirmar, em uma das suas obras, a pluralidade das vidas e dos mundos habitados. Fora condenado à fogueira pelo Concílio de Constança, que se iniciou no ano 1414 e foi até 1418, pois havia três papas irregularmente eleitos, daí a demora da condenação: Gregório XII, Benedito XIII e João XXIII que se tratavam reciprocamente de heréticos e que se excomungavam entre si. Entretanto, anos depois, o cardeal Nicolau de Cuza sustenta, em pleno Vaticano, a pluralidade das vidas e dos mundos habitados, com assentimento do papa Eugênio IV.

"A Idade Média também é povoada de espectros, que as fogueiras não intimidam. Rogério Bacon, acusado de magia e de ter pacto com o demônio, por afirmar que 'ouvia as vozes dos espíritos', passa quarenta anos na prisão.

"Joana d'Arc foi condenada à fogueira por ouvir vozes misteriosas que a incitavam a libertar a França. (Ibidem, pg. 121)

"A multidão insulta-a como apóstata, da mesma maneira que insultara a Jesus como blasfemo! As chamas lhe envolvem e lambem o corpo virginal. 'Meu Deus, Jesus, Maria, minhas vozes! Sim, minhas vozes eram de Deus! 'Foram suas últimas palavras...

Também "não escapa, da sanha inquisitorial, uma das figuras mais brilhantes do Renascimento, o próprio Giordano Bruno. Pelo fato de acreditar na comunicação dos espíritos, sofre idêntico castigo de Joana d'Arc: é queimado vivo." (Ibidem, pg. 122)

CAPÍTULO V

"Quarta Razão: Reencarnação"

Não satisfeito em atacar a Doutrina Espírita, através de um dos seus princípios básicos, a Mediunidade, agora o sacerdote mira as suas armas em outro alvo, a Reencarnação. Mais uma vez o padre não foi feliz nas suas declarações antiespíritas.

Começa, na sua já costumeira agressão, dizendo: "*A reencarnação vem a ser tese arbitrária, para a qual não há fundamento objetivo...*"

A afirmativa do clérigo é baseada em conceitos dogmáticos, frutos da mente humana compromissada com crenças religiosas, alicerçadas em valores terrenos.

Assim como afirmo na obra "*O Consolador Entre Nós*", *Editora "O Clarim", Matão/São Paulo, nas pags. 52 e 53,* "*sem a explicação sensata da palingênese, o mundo passa a ser o caos, presidido pelo acaso, sendo o ateísmo seguido por todos aqueles que não aceitam a futilidade e fragilidade dos argumentos dogmáticos oferecidos pelas religiões tradicionais.*

"Ainda hoje não se fala na criação do mundo em seis dias? Não se crê até agora, num Deus antropomórfico, que se arrependeu de ter criado o homem e de ter elevado Saul ao trono?

Um ser que cria as almas sabendo que definharão, em sua grande maioria, por todo o sempre no famigerado inferno?

"O Novo Testamento ensina que Deus é Amor (Primeira Epístola de João 4:8); portanto, a doutrina das vidas sucessivas é a única que preenche o vazio da alma humana à procura de um esclarecimento a respeito de si mesmo. Quem é o homem? O que faz na Terra? Qual é o seu porvir?

"Perguntas somente respondidas tendo a reencarnação como modelo e guia. Sem a palingênese não haveria evolução, nem progresso.

"O que representam pouquíssimos anos de vida, numa única existência? O homem é viajor do Universo e, dentro da eternidade, aufere recursos e aptidões, desenvolve potencialidades, até chegar à posição de um arcanjo *(Espírito Superior que segundo ensino da Codificação, também começou por ser átomo — "O Livro dos Espíritos", nº 540, Allan Kardec)*.

"Sem o princípio da pluralidade das existências nunca se entenderá o porquê das coisas."

A Igreja ensina que o Ser Espiritual é criado no momento da formação do seu corpo somático e viverá apenas uma existência física, na Terra.

O Espiritismo é fé raciocinada. De imediato, o profitente da Doutrina Consoladora de Jesus, codificada pelo sábio Kardec, questionará, baseando seu pensamento na negação da reencarnação, a causa espiritual do nascimento de seres monstruosos, alguns vindo ao mundo, sem cérebro (anencéfalos), outros trazendo, já no berço, deficiências mentais.

Sem a doutrina da reencarnação, Deus parece, ao olhar perquiridor, muito pouco criativo; inclusive, fazendo lembrar uma vulgar personalidade sado-masoquista, divertindo-se ao formar seres sem nenhuma possibilidade de crescimento evolutivo espiritual.

Afinal, para que, então, Deus cria a imperfeição? Certamente, os dogmáticos religiosos tentarão uma resposta, baseado no chamado "*pecado original*", dizendo que o sofrimento entrou no mundo por causa do erro do primeiro homem, Adão. Outros alegarão "*mistério*", ou então, "*não se pode discutir os desígnios divinos.*"

Todavia, não são justificações plausíveis. Seria extremamente injusto que alguém passe por um sofrimento muito intenso, por exemplo, decorrente de deformidades congênitas, por causa do deslize de um antepassado, chamado Adão, ao qual nem chegou a conhecer.

É necessário considerar, também, sem fundamento, o fato dos sofrimentos dos descendentes do "primeiro homem" serem diferentes, alguns nascendo aleijados, outros cegos, outros com malformações consideráveis e a maior parte dos nascimentos verificando-se com recém-nascidos normais.

No livro de minha autoria, *"Razão e Dogma"*, *Editora "O Clarim"*, faço algumas considerações, reforçadas com textos bíblicos (pgs. 174 a 189).

"1 — Desprezando a reencarnação, as correntes religiosas dogmáticas pregam a existência de somente uma vida, sendo o Espírito criado no momento da fecundação ou conjugação, na união do espermatozóide com o óvulo. Porém, os textos bíblicos afirmam exatamente o contrário:

"1.(1) '*O vento sopra onde quer, e ouves a sua voz, mas não sabes donde vem, nem para onde vai; assim é todo aquele que é nascido do Espírito*' *(João 3:8)*.

"O Ser Espiritual não foi formado, no momento da fecundação, já que o versículo relata uma preexistência da qual desconhecemos a origem: '*não sabes donde vem, nem para onde vai*'. Se o Espírito fosse criado no mesmo instante da formação do corpo físico, saberíamos de onde veio, já que em pleno cadinho materno teria origem;

"1.(2) '*Antes que te formasse no ventre materno, te conheci...*' (Jeremias 1:15).

"Aqui está claríssima a afirmação de que o Espírito preexiste ao corpo de carne. Se Jeremias era conhecido, antes de ser gerado o seu corpo de carne, é perfeitamente justificável que tenha certamente tido uma existência pretérita. A continuação do texto não nos deixa dúvidas: '*Antes que saísses da madre, te consagrei e te constituí profeta às nações*'. Jeremias já era um ser superior (consagrado), tendo conquistado esse patamar da evolução, em vida passada. Portanto, o espírito, antes de reencarnar, era conhecido, recebendo a missão de ser um 'profeta às nações'.

Acreditar que alguém possa ser criado perfeito fere todos os princípios da Divindade. Seria uma injustiça que, de forma nenhuma, seria praticada por um Ente Superior e Perfeito;

"1.(3) '*Os filhos lutavam no ventre de Rebeca*' (Gênesis 25:22). A Bíblia afirma, sob à ótica do raciocínio dogmático de existir apenas uma vida, uma heresia. Admitir que os Espíritos, criados dentro do ventre da mulher de Isaque, já eram adversários, é duvidar da perfeição de Deus. É lógico que a adversidade teve sua causa em uma vida pretérita e reencarnaram juntos, visando uma possível reconciliação;

"1.(4) '*Houve um homem enviado por Deus, cujo nome era João*' (João 1:6).

"Se foi *enviado* é porque já existia antes. Sabemos por intermédio do profeta Malaquias que Elias teria que voltar à arena física, antes de Jesus. Disse O Senhor: '*Eis que eu vos enviarei o profeta Elias, antes que venha o grande e terrível dia do Senhor; ele converterá o coração dos pais aos filhos...*' (Malaquias 4:5-6). Portanto, João Batista é uma personalidade, vivificada por um espírito que, em existência anterior, deu vida ao profeta Elias. Um ser espiritual que já vivia antes e foi enviado por Deus para uma grande missão, a de ser o precursor do Cristo.

"Inobstante a afirmação dos textos bíblicos, os partidários do dogmatismo ensinam que existe apenas uma vida física e que o Espírito é criado no momento da fecundação. Em detrimento de muitos versículos das Escrituras, onde a verdade é inquestionada, citam infantilmente a passagem paulina, no livro dos Hebreus, onde está escrito: "**Aos *homens* está ordenado morrerem uma só vez e, depois disto, o *juízo*' (Hebreus 9:27).**

"Grafo o texto propositalmente, desde que Paulo está referindo-se à personalidade, ao corpo que dá oportunidade de crescimento evolutivo à individualidade, o espírito imortal. É claro que a personalidade, constituída de água e minerais, tem uma existência limitada. O homem, personalidade terrena, está destinado à morte; contudo a Entidade Espiritual nunca fenece e reencarnará tantas vezes quantas se fizerem necessárias. Obviamente o homem morre uma só vez; porém, o Espírito, quando volve ao mundo físico, dando vida a uma personalidade, '*não sabe para onde vai, nem donde vem*" *(João 3:8)*. Após o decesso da vestimenta somática (a morte do homem), a Individualidade Espiritual alça o vôo da libertação, sujeito contudo ao juízo que se processa nos refolhos mais íntimos do seu ser, muitas vezes assoberbado pelo remorso que parece lhe consumir como chamas ardentes de uma fornalha;

"2 — *Jesus ensinou a Doutrina da Reencarnação a um mestre fariseu.*

"Na calada da noite, um membro do 'Sanedrium' (Tribunal supremo da Judéia) recebeu do Cristo o ensino palingenético: 'Em verdade, em verdade te digo que se alguém não nascer de novo, não pode ver o reino de Deus' (João 3:3).

"Se o diálogo terminasse aqui, poderia considerar que o Mestre alude ao renascimento moral que pode ocorrer quando se segue os Seus ensinamentos, o que é uma das metas a ser conquistada, através do 'nascer de novo'. Contudo, em continuação ao diálogo com Nicodemos, Jesus tenta explicá-lo, dizendo: 'Em verdade, em verdade te digo: Quem não nascer da água e do Espírito, não pode entrar no reino de Deus' (João 3:5).

"O que é nascer da água? Na Cabala, doutrina secreta dos hebreus, a água era considerada a matéria primordial, o elemento frutificador. O próprio Gênesis, diz que 'O Espírito de Deus pairava por sobre as águas' (Gênesis 1:2). Portanto, a água representa o grande elemento gerador da vida física, sendo também o constituinte essencial de todas as células vivas. O embrião contém 95% de água e se encontra mergulhado nela (líquido amniótico). Em um indivíduo adulto a água constitui 70% do peso do indivíduo. O encontro do espermatozóide com o óvulo, origem de um corpo físico, ocorre em um meio necessariamente líquido. A formação de um corpo físico é, então, resultante de outro corpo físico, ou seja, carne gerando carne: "O que é nascido da carne é carne".

"Infantilmente, as religiões tradicionais aludem ao renascimento pela água do batismo, ignorando o diálogo eminentemente esotérico entre o Cristo e Nicodemos, abrangendo grande e profunda sabedoria. Na realidade, a reencarnação já era conhecida, no Oriente, há milênios antes da vinda do Mestre. Há 2.500 anos a.C., o livro "Os Vedas" já continha referências à doutrina palingenética.

"Depois, Jesus afirmou ao fariseu: '*Não te maravilhes de eu te dizer: vos é necessário nascer de novo*' (João 3:7).

Realmente, a palingênese explica com sensatez e lógica as adversidades do caminho e os golpes do destino;

"3 — 'Os tropeços': mais uma vez a reencarnação ensinada por Jesus:

É inevitável que venham escândalos, mas ai do homem pelo qual vem o escândalo' (Mateus 18:7)

"Sendo a Terra um planeta de provas e expiações, onde a criatura se situa numa faixa evolutiva de baixo grau, é claro que o escândalo se torne inevitável em nosso orbe. Contudo, o Mestre é enfático ao nos revelar que o causador do ato danoso terá de prestar contas a si mesmo e a Deus, porquanto tudo que fazemos de mal ou de bem a outrem, repercute em nós mesmos: '*mas ai do homem pelo qual vem o escândalo*'' (Lei de Causa e Efeito).

"Toda ação praticada gera uma reação'. O Espírito, tendo o direito do uso de seu livre-arbítrio, tem também a responsabilidade pelos atos que praticar: 'A sementeira é livre; contudo, a colheita é obrigatória'.

"As desarmonias do presente são quase sempre reflexos de um passado em erro e, através das vidas sucessivas, do 'nascer de novo', recebemos a oportunidade da reabilitação. Somente a doutrina da reencarnação preenche o vazio de alguém que se encontra em sofrimento sem saber o porquê;

'Se a tua mão ou o teu pé te faz tropeçar, corta-o, e lança-o para fora de ti: melhor é entrares na vida manco ou aleijado, do que, tendo duas mãos ou dois pés, seres lançado no fogo eterno'.

'Se um dos teus olhos te faz tropeçar, arranca-o, e lança-o fora de ti; melhor é entrares na vida com um só dos teus olhos, do que, tendo dois, seres lançado no inferno de fogo.' (Mateus 18:8-9).

"Como explicar semelhante ensino do Mestre sem o conhecimento da reencarnação? Não dá nem para começar.

"O Cristo alude à Lei de Causa e Efeito, de uma forma bem didática. Se lesamos a alguém, na realidade lesamos também a nós. Nossos corpos espirituais registram, numa plasticidade própria, o mal qua causamos a outrem, sendo maculados, conforme a falta praticada por nós. Então, teremos que reencarnar ('entrar na vida'), materializando no corpo de carne as mazelas que trazemos repercutidas em nossos corpos espirituais. Daí a explicação sensata e lógica para as vicissitudes da vida ('nascer manco ou cego').

"Emmanuel, dinâmico benfeitor espiritual, através da abençoada mediunidade de Francisco Cândido Xavier, na obra 'Leis de Amor' (Editora LAKE) nos esclarece: 'Havendo o Espírito agido erradamente nesse ou naquele setor da experiência evolutiva, vinca o corpo espiritual com desequilíbrios ou distonias, que o predispõem à instalação de determinadas enfermidades conforme o órgão atingido'. Daí a explicação para a Teratologia, para as deficiências físicas e desequilíbrios psicofísicos, que, sem a hermenêutica palingenésica, jamais seriam explicados e justificados.

"Pode também o Espírito, pelo 'amor que cobre multidão de erros', reencarnar sem lesões físicas, tendo a oportunidade de refazer o seu passado, impresso em lesões no corpo espiritual, através de obras benfazejas, volvendo ao mundo físico imbuído de obrar em tarefas assistenciais, amparando ao próximo, praticando a verdadeira fraternidade, como o samaritano da parábola, tão maravilhosamente explicada por Jesus.

"Falhando consideravelmente diante das provas e expiações, retorna ao Mundo Espiritual sofrendo o rigor da dor que já lhe afligia antes de reencarnar ('lançado no inferno de fogo').

"Os textos evangélicos, tendo como título 'Os tropeços', constituem insofismavelmente uma prova indiscutível da reencarnação na Bíblia;

"4 — '*Olha que já estás curado; não erres mais, para que não te suceda cousa pior*' (João 5:14).

"Jesus, ao curar o paralítico, junto ao tanque de Betesda, afirma-lhe que sua deficiência é resultante do erro cometido por ele mesmo, confirmando que as distonias do presente são quase sempre conseqüências de um pretérito vivido em desarmonia.

"Havia chegado a hora da libertação da expiação, do resgate do seu carma negativo. O ex-portador da deficiência física já estava preparado interiormente para se curar, não precisava mais do sofrimento depurador. As lesões vincadas em seu corpo espiritual foram erradicadas.

"Mais uma vez não há referência a uma origem do mal a

partir de nenhum Adão. O Mestre, dizendo '*não erres mais para que não te aconteça coisa pior*', faz alusão a uma causa provinda do próprio espírito, certamente tendo o seu início em uma vida transata;

"5 — "*Se alguém quer vir após mim, a si mesmo se negue, tome a sua cruz e siga-me*'. (Mateus 16:24).

"O Mestre, com esse ensinamento, vem reafirmar que não carrega ninguém no colo. Inclusive, nega a possibilidade da salvação através do Seu sofrimento.

"O Cristo esclarece que devemos carregar a nossa própria cruz e, então, segui-lo. Contudo, Jesus ressalta que temos primeiramente de nos negar, isto é, retirar de nosso interior as paixões inferiores que nos assenhoreiam. É claro que essa depuração muitas vezes é realizada através da dor, do sofrimento.

"Em uma existência física, é impossível realizar integralmente essa tarefa preconizada pelo Mestre. Através da reencarnação, teremos inúmeras oportunidades de nos preparar para o momento abençoado, quando já O estaremos seguindo;

"6 — *Falando de João Batista, disse o Mestre aos Seus discípulos:* '*Se o quereis reconhecer, ele mesmo é Elias, que estava para vir. Quem tem ouvidos para ouvir, ouça*' (Mateus 11:14-15).

"Insofismável a presença da reencarnação de Elias como João Batista. Inclusive, há uma profecia de Malaquias, em que está dito que Elias voltaria à Terra, com a missão de preparar o caminho de Jesus (Malaquias 4:5-6). Exatamente foi João Batista, aquele que foi incumbido dessa missão.

"Digno de registro a passagem em que o pai do precursor, Zacarias, recebe a comunicação da Espiritualidade, a respeito do nascimento do seu filho. O mensageiro, chamado Gabriel ("Homem de Luz"), repete as palavras do profeta Malaquias, dizendo que João Batista virá '*no espírito e poder de Elias, para converter o coração dos pais aos filhos*' (Malaquias 4:5-6 e Lucas 1:13-17). Mais uma passagem bíblica provando a reencarnação.

"Zacarias, após o nascimento do filho, incorporado por um santo espírito profetizou, isto é, falou como intermediário, como médium, clamando: 'Tu, menino, serás chamado profeta do Altíssimo, *porque precederás o Senhor, preparando-lhe os caminhos*' (Lucas 1:76).

"Como já foi dito, pela boca de Malaquias, que é Elias quem precederia o Senhor, não existem dúvidas: O profeta do Antigo Testamento volveu ao mundo físico, reencarnando como filho de Zacarias, vivenciando um novo corpo, chamado de João Batista.

"Alguns irmãos, contrários à palingênese, não aceitando a reencarnação pelo motivo de ser combatida em suas dogmáticas religiões, afirmam ingenuamente que Elias ainda não voltou, já que 'o grande e terrível dia do Senhor' (Malaquias 3:1) é o último dia do Juízo Final.

"No entanto, o Cristo desmente essa pseudo-explicação, afirmando: '*Eu, porém, vos declaro que Elias já veio e não o reconheceram, antes fizeram com ele tudo quanto quiseram*' (Mateus 17:12). O evangelista logo após arremata, no versículo seguinte: '*Então os discípulos entenderam que lhes falara a respeito de João Batista*'.

' "E agora, José?' A reencarnação está claramente demonstrada nesses trechos de 'O Novo Testamento'. É uma verdade já conhecida, no Oriente, há milênios antes da vinda de Jesus e o Mestre não deixou passar a oportunidade de ensinar aos Seus discípulos a doutrina do 'nascer de novo'.

"Por quc João Batista foi degolado?

"A resposta está contida em uma explicação, tendo por base a pluralidade das existências: Elias, no Monte Carmelo, provocou os sacerdotes de Baal e, sendo vitorioso no desafio, *matou a todos ao fio da espada, no ribeiro de Quisom* (Primeiro livro de Reis 18:40 e 19:1).

"Elias utilizou a espada como instrumento de justiça, empregando a violência. Pela Lei de Causa e Efeito, tão sabiamente ensinada pelo Cristo, sabemos que o Tesbita, ao tocar criminosamente nos sacerdotes idólatras, assumiu um carma negativo.

"Disse Jesus: '*necessário vos é nascer de novo*'. Logo, o espírito assassino, quando reencarnado como o Precursor, passou pelo mesmo sofrimento físico, ao ser decapitado também a espada.

"E vocês, leitores amigos: 'Quereis reconhecer que João Batista é mesmo Elias que estava para vir?' (Mateus 11:14);

"7 — Uma Entidade Espiritual diz ao evangelista João, na ilha de Patmos: É necessário que profetizes outra vez a respeito de muitos povos, e nações, e línguas e reis' (Apocalipse 10:11).

"Analisando o texto, utilizando a razão e o bom senso, constato uma continuidade: '*profetizes outra vez*'. Ora, quem foi que profetizou anteriormente a respeito de muitos povos, e nações, e línguas e reis? A resposta vem enfática: 'O profeta Daniel'.

"Sabendo que o apóstolo João nunca tinha se utilizado da profecia, antes do arrebatamento espiritual verificado em Patmos, posso afirmar que o Emissário do Plano Espiritual falava ao mesmo ser que vivificara a personalidade do profeta Daniel e agora renascia como João Evangelista.

"É interessante frisar a analogia do Livro de Daniel com o Apocalipse. Quem se proponha ao estudo das profecias de Daniel, verificará que a maior parte das figuras e muito da sua linguagem se encontram também no Apocalipse. O mesmo Espírito, em duas encarnações, sendo porta-voz das mesmas visões e revelações.

"Não devo deixar de dar ênfase também a outra prova evangélica da volta do Espírito Daniel à arena física, reencarnando como o 'discípulo amado' do Cristo.

"No livro de Daniel, capítulo nove, versículo vinte e três, aparece ao profeta o arauto Gabriel, dizendo: '*...és mui amado*'. No capítulo dez, versículo onze e dezenove, novamente Daniel é chamado carinhosamente, por uma elevada Entidade espiritual que acreditamos ser o próprio Jesus, de '*homem muito amado*'.

"Amados leitores, é realmente maravilhoso que nenhum outro personagem bíblico foi assim denominado, a não ser o apóstolo do amor, João Evangelista.

"O mesmo Jesus, durante Sua passagem gloriosa pela Terra, encarnado como qualquer um de nós, encontra-se novamente com Daniel, agora vivificando a pessoa de João. Segundo o próprio evangelista, foi ele o *discípulo amado do Cristo* (João 19:26, João 20:2 e João 21:7).

"Concluo que o mesmo Espírito, que vivificara as personalidades de Daniel e João, tinha chegado ao clímax do amor em sua evolução. Daí ter sido chamado de 'homem muito amado' e 'discípulo amado por Jesus'.

"O Mestre sente por toda a humanidade o mesmo impulso amoroso, sem privilégio de nenhuma criatura.

"É muito edificante saber que a reencarnação é não só

comprovada pela Ciência, como também tem alicerces bíblicos bem significativos.

"Muitas outras referências bíblicas, concernentes à reencarnação, poderiam ser comentadas a analisadas. Os discípulos tinham conhecimento da palingênese, desde que suas perguntas a Jesus traziam, com muita propriedade, fundamentos reencarnatórios. Nosso intento foi demonstrar a presença do fenômeno palingenético na Bíblia, procurando satisfazer a curiosidade de alguém ou ajudar a um perquiridor nas suas pesquisas, como também solapar o edifício dogmático da negação reencarnatória.

"É incrível que haja ainda alguém descrente da reencarnação. Contudo, até a nossa indignação é explicada pela doutrina das vidas sucessivas. Cada ser é um universo e se encontra sintonizado com determinada faixa vibratória. Os que aceitam a palingênese são aqueles que raciocinam, perscrustando as dessemelhanças da vida humana sob a ótica do amor, sabendo que não há favoritismo dentro do Universo, sendo o Espírito o artífice do seu crescimento e evolução.

"Uma só existência física é insuficiente para assenhorear-se do alfabeto cósmico e, principalmente, para elaborar as primeiras linhas da escrita do Universo.

"A reencarnação representa em todos os sentidos uma dádiva dos céus, sempre perdoando e dando oportunidades para a aquisição das experiências, em todo o transcurso da evolução.

"Agradeço aos leitores amigos a consideração, esperando ter sido útil para muitos irmãos necessitados do conhecimento da verdade que emana dos textos bíblicos, ainda não adulterados ou maculados pela Teologia dogmática.

"No "Livro dos Espíritos", na questão 625, encontramos: "O tipo mais perfeito que Deus tem oferecido ao homem, para lhe servir de guia e de modelo: Jesus". '*Conhecereis a verdade e ela vos libertará*'. (João 8:32)"

Portanto, a reencarnação não é tese arbitrária e há fundamento objetivo em sua crença.

A seguir, o padre, depois de emitir a sua opinião de ser a reencarnação "*tão subjetiva que os espíritas mesmos não concordam entre si a respeito*", relata o porquê: "*Assim, por exemplo, enquanto os espíritas latinos admitem firmemente a reencarnação, os anglo-saxões o rejeitam. E por quê? — Porque os anglo-saxões, movidos por preconceitos racistas, não podem imaginar que voltarão à Terra num corpo de raça negra ou indígena.*"

O fato da Igreja negar a translação da Terra, no tempo de Galileu Galilei, não quer dizer que o nosso orbe não se mova.

Realmente "...é bastante conhecida a divergência entre o que se convencionou chamar o Espiritismo latino e o anglo-saxão. Essa divergência se verificou em torno de um ponto essencial: a doutrina da reencarnação. Os anglo-saxões, particularmente os ingleses e americanos, aceitaram a revelação espírita com uma restrição, não admitindo o princípio reencarnacionista. Por muito tempo, esse fato serviu de motivo a ataques e críticas ao Espiritismo, o que não impediu que o movimento seguisse naturalmente o seu curso.

"A codificação kardeciana, cujos princípios giram praticamente em torno da lei da reencarnação, foi repelida pelos anti-reencarnacionistas. Veja-se como Conan Doyle se refere ao Espiritismo francês, logo no início do capítulo vinte e um do livro "História do Espiritismo": "O Espiritismo na França se concentra na figura de Allan Kardec, cuja teoria característica consiste na crença da reencarnação." Não obstante, o próprio Conan Doyle e outros grandes espíritas ingleses e americanos admitiam a reencarnação. E a resistência do meio tem sido bastante minada, na Inglaterra e nos Estados Unidos, principalmente depois da última guerra." (Trecho do prefácio de J. Herculano Pires, da obra "História do Espiritismo", de Arthur Conan Doyle, Editora Pensamento, pag. 11).

No livro "Cartas a Um Sacerdote", de minha autoria e de Luiz Antônio Millecco Filho, *Editora Espírita "Mensagem de Esperança", Capivari-S.P.,* abordo o tema em tela, dizendo que "*...A negação absoluta da reencarnação por anglo-saxônicos realmente aconteceu nos pródromos do Espiritismo, logo após a sua codificação por Allan Kardec, e foi objeto de análise por Léon Denis, em sua obra "O Problema do Ser, do Destino e da Dor", impressa no Brasil, em 1919; pela Federação Espírita Brasileira. Atualmente, isto não mais acontece e creio que a sua* *fonte de informações já caducou.*

"O que aconteceu, naquela época, é que algumas mensagens espirituais, obtidas na Inglaterra e Estados Unidos, contradiziam as comunicações mediúnicas, recebidas em países latinos, que afirmavam, em sua totalidade, existir a reencarnação.

"É preciso frisar que a Doutrina Espírita só aceita um fato, trazido pela Espiritualidade, quando este é comprovado por numerosas comunicações. O "Livro dos Espíritos " foi feito por Allan Kardec, baseado nas respostas obtidas em diversas fontes mediúnicas.

"A Doutrina Espírita aconselha que, diante de uma mensagem vinda do além-túmulo, devemos examiná-la atentamente e submetê-la ao cadinho da razão mais severa.

"Devemos lembrar que todos os seres estão em estágios diferentes de evolução espiritual e a morte física vem apenas revelar o que verdadeiramente somos. Se alguém, na Terra, está apegado às tradições ou aos preconceitos de raça e de religião, estes continuam exercendo sua atração no mundo extra-físico, dependendo é claro, do atraso evolutivo do Espírito. Portanto, em comunicação com os encarnados, os Espíritos emitem sua opinião pessoal, já que ainda não se despojaram dos liames terrestres, conservando no Além o que foram na Carne.

"O que fomos na Terra seremos no mundo espiritual. Ninguém adquire sabedoria, nem conhecimento de todas as coisas pelo fato de ter já desencarnado.

"Os espíritos anglo-saxônicos que se manifestaram, negando a reencarnação, nada mais eram do que seres apegados à religião dominante, crentes ortodoxos de educação protestante que não aceitavam a reencarnação quando 'vivos', muito menos a aceitariam 'mortos'.

"Nos países latinos, a religião predominante é a Católica. Esta prega a existência do purgatório, não aceito pelo Protestantismo, onde as almas têm a oportunidade de expiar suas faltas e purificar-se. É mais fácil para um católico, difícil para um protestante, aceitar a expiação e a purificação por meio dos renascimentos múltiplos, ensinamento ministrado a Nicodemos por Jesus. Para o modo de pensar protestante, a alma

é fixada definitivamente, após a morte, no céu ou no inferno eterno. Portanto, é difícil nesse caso aceitar a reencarnação e sendo possível a comunicação de um Espírito, arraigado a essas idéias, a referida comunicação terá na sua essência o pensamento reformista.

'Exatamente pela possibilidade de a comunicação mediúnica ser originária de fonte espiritual atrasada, João faz uma recomendação, que é obedecida pelos profitentes espíritas: 'Amados, não deis crédito a qualquer espírito: antes, provai se procedem de Deus'. (João 4:1). A experiência nos trabalhos mediúnicos comprova a sabedoria desse conselho". (págs 62, 63 e 64)

O nosso querido companheiro de lides espíritas, Luiz Antônio Millecco, assim se refere, em relação ao tema: "*Ao não revelarem de imediato a lei de reencarnação, nas áreas anglo-saxônicas, os Espíritos Superiores quiseram dar tempo a encarnados e desencarnados menos evoluídos para que amadurecessem, já que o princípio reencarnacionista causa tremendo impacto às mentalidades protestantes;*

"Por essa mesma razão, quando do advento do Espiritismo, algumas entidades, que se comunicaram nas áreas anglo-saxônicas, repeliram a Palingênese. Ela lhes feria o orgulho quase atávico. Com efeito, seria extremamente difícil, por exemplo, a um lorde inglês, encarnado ou desencarnado, conceber que houvesse sido ou viesse a ser um mendigo. Imagine por exemplo, a verdadeira convulsão que sacudiria certos habitantes dos Estados Unidos, de pele branca, se soubessem que foram ou virão a ser negros;

"Mais tarde, com o desenvolvimento das concepções doutrinárias, essa divergência tornou-se apenas uma questão de detalhes. Os anglo-saxônicos passaram a admitir a reencarnação, embora em outros mundos;

"Hoje, mormente depois que médiuns brasileiros, como Chico Xavier, Waldo Vieira e Divaldo Franco visitaram Estados Unidos e Europa, a noção das vidas sucessivas cada vez mais se generaliza. É que esses médiuns serviram de instrumentos para que se criasse o clima necessário à expansão da nova idéia.

"Depois deles começaram a florescer ou a incrementar-se

por lá núcleos de atividade mais nitidamente espírita. Todavia, mesmo antes que o Brasil, nesse terreno, influenciasse o mundo anglo-saxônico, já os espíritos procuravam abalá-lo com seu ensino. É assim que, por exemplo, Maurice Barbanel, médium e editor da revista espiritualista 'Two Worlds', nega a reencarnação, que, no entanto, lhe era ensinada por seu guia (anjo da guarda) Silver Birch". ("Cartas a Um Sacerdote", Ed. Mensagem de Esperança/Capivari-SP, pags. 23 e 24).

Herculano Pires, como de hábito, traz um oportuno esclarecimento. Na pag. 10, ao iniciar o seu prefácio, afirma: "*O leitor brasileiro estranhará que Conan Doyle comece a sua história pela vida e obra de Swedenborg, e que, depois de passar pelo episódio de Hydesville, só se refira a Allan Kardec ao tratar, no capítulo vinte e um, do "Espiritismo francês, alemão e italiano". Kardec aparece, assim, como uma espécie de figura secundária, de influência reduzida ao âmbito nacional do movimento espírita francês. É que, no movimento espírita, como em todos os movimentos, as coisas vão se definindo aos poucos, através do tempo, não se mostrando logo com a precisão necessária. Somente agora, quase trinta anos depois da morte de Conan Doyle, é que a figura de Kardec, reconhecida há muito, nos países latinos, como o codificador do Espiritismo, vai se impondo também, nas suas verdadeiras dimensões, ao mundo anglo-saxão.*

"Conan Doyle fez o que pôde, como dissemos atrás, procurando traçar a história do Espiritismo de acordo com as perspectivas que a sua posição lhe proporcionava. Hoje, como se pode ver pela excelente edição da revista argentina 'Constancia", comemorativa do primeiro centenário do Espiritismo, a compreensão exata da posição de Kardec se generaliza. Escritores da Inglaterra, da Alemanha, dos Estados Unidos e do Canadá proclamam, nas colaborações para aquele número, a significação fundamental da obra do codificador." ("História do Espiritismo", pag. 10)

Portanto, mais uma vez o sacerdote se apega a idéias antigas, ultrapassadas, superadas.

O movimento espírita na Inglaterra e Estados Unidos, nos seus primórdios, não admitia por unanimidade a reencarnação;

principalmente, pelo motivo de não ter sido provada pela Ciência a sua existência. Contudo, na atualidade, após a comprovação da tese por muitos pesquisadores e com um melhor conhecimento da Codificação Kardequiana, realizada na França, a palingênese passou a ser considerada como um postulado básico.

Existem, atualmente, alguns grupos anglo-saxônicos, considerados "Não-espiritualistas" (não espíritas), possuindo hierarquia eclesiástica e cobrando pelos atendimentos mediúnicos. É importante frisar que a Doutrina Espírita está alicerçada no Evangelho, onde ressalta a responsabilidade pessoal: O viajor terreno semeia, no presente, o seu amanhã e, passa hoje, pelo que logrou criar para si no pretérito.

O Espiritismo não tem rituais, não possui sacerdócio e prega, de acordo com Jesus, o "*de graça recebestes, de graça dai*" (Mateus 10:8).

Voltando ao livro clerical, deparo-me com a seguinte asserção: "*Mesmo entre os reencarnacionistas há divergências: alguns dizem que a reencarnação é lei geral, ao passo que outros admitem apenas para os espíritos mais atrasados ou para os perfeitos, que têm de cumprir alguma missão na Terra. Uns sustentam que o ser humano se reencarna sempre no mesmo sexo, enquanto outros professam variação alternativa de sexo. Uns ensinam que a reencarnação se faz apenas na Terra, enquanto outros admitam que ocorra também em outros planetas. Uns pensam que a reencarnação se dá pouco depois da morte, outros afirmam um intervalo de mil e quinhentos anos precisamente. Uns julgam que a reencarnação é não só progressiva, mas também regressiva, de modo que o indivíduo pode voltar à Terra num corpo animal ou vegetal; outros, ao contrário, dizem que a reencarnação não pode ser regressiva, mas, na pior das hipóteses, é estacionária por algum tempo...*"

Ainda há pouco, falava a respeito da necessidade de passar todas as mensagens mediúnicas pelo crivo da razão e do bom senso. O fato de alguém estar desencarnado não lhe dá o atributo da sapiência, no Mundo Extrafísico.

O verdadeiro e sincero profitente do Consolador tem o grande manancial Kardequiano ao seu dispor, constituído de cinco fontes riquíssimas de conhecimento, o chamado "*Pentateuco*

Espírita".

É muita infantilidade, buscar desprezíveis afluentes, quando se está navegando em rio volumoso, com ótimas condições de navegação. Se tenho condições para dirigir-me a um porto seguro, de forma nenhuma transportarei o meu barco para uma outra paragem, onde será difícil ancorar.

O edifício Kardequiano foi construído a partir de fortes e duradouros alicerces. O Consolador utilizou vários médiuns, no seu grandioso trabalho, só publicando, como corpo doutrinário, o que realmente tinha solidez em várias mensagens.

Todas as comunicações, provindas da Espiritualidade, devem ser muito bem analisadas; em especial, quando não tem consenso universal, tratando-se apenas de uma fonte medianeira.

Daí a importância do Estudo Sistematizado da Doutrina Espírita e da exortação do Espírito da Verdade: "*Espíritas, instruí-vos*" *(estudai)*.

Quando o profitente da Doutrina, codificada pelo Mestre Lionês, penetra no âmago do ensino da Codificação, se torna imunizado contra qualquer investida de hostes contrárias, correspondentes às falanges espirituais que desejam solapar o arcabouço Kardequiano, fomentando discussões e cizânias, devido ao fato de transmitirem conceitos divergentes aos que foram recebidos por Kardec.

Portanto, tenho o dever de pôr os pingos nos is:

1 — O sacerdote está referindo-se a divergências entre os reencarnacionistas que constituem distintos credos religiosos, como o teosófico, o budista, o espírita, o umbandista, etc.

Deveria, o padre, ater-se apenas ao Espiritismo em suas críticas;

2 — Contudo, existem mensagens mediúnicas apócrifas, tentando acesso nas terras fecundas do Consolador, com o propósito de macular os ensinamentos dos Espíritos Superiores, mensageiros luminares do Cristo, dando sustento às teses do reverendo e a de todos os opositores da Doutrina Espírita;

3 — Em oposição ao que foi recebido por Kardec, uma das correntes trevosas, a rustenista, relata ser a encarnação sempre um castigo, quando o Espiritismo ratifica o ensinamento de Jesus: 'IMPORTA-VOS NASCER DE NOVO", (João 3:7);

4 — Se a totalidade dos espíritas se mantivesse fiel ao Codificador, não haveria chance de os opositores da palingênese manifestarem a sua crítica, apontando divergências doutrinárias. Na realidade, dentro do contexto kardequiano, não há discordância, em relação à reencarnação ou a respeito de qualquer outro tema;

5 — A acusação do padre se constitui, em mais uma lição, para os espíritas que se mantêm calados, indiferentes, silenciosos, mornos, em relação à penetração sutil de idéias contrárias ao enunciado kardequiano. É dever do profitente honesto e sincero da Terceira Revelação manter-se fiel à Codificação. Convir com tais manobras trevosas significa negar o Consolador de Jesus, fazendo coro com a vibração desarmônica do anticristo.

Quanto a enunciação que o ser humano reencarna sempre no mesmo sexo, o Codificador, em "O Livro dos Espíritos", ensina o contrário: "Os Espíritos encarnam como homens e como mulheres, porque não têm sexo. Visto que lhes cumpre progredir em tudo, cada sexo, como cada posição social, lhes proporciona provações e deveres especiais e, com isso, ensejo de ganharem experiência. Aquele que só como homem encarnasse só saberia o que sabem os homens." (resposta da pergunta nº 202, pag. 135, FEB)

A respeito da reencarnação se processar apenas na Terra, enquanto outros admitem que ocorra também em outros planetas, a Doutrina Espírita assim revela, em "O Livro dos Espíritos" (FEB):

"172. *As nossas diversas existências corporais se verificam todas na Terra?*

"R.: 'Não; vivemo-las em diferentes mundos. As que aqui passamos não são as primeiras, nem as últimas; são, porém, das mais materiais e das mais distantes da perfeição.'

"173. *A cada nova existência corporal a alma passa de um mundo para outro, ou pode ter muitas no mesmo globo?*

"R.: 'Pode viver muitas vezes no mesmo globo, se não se adiantou bastante para passar a um mundo superior.'

"a) — *Podemos então reaparecer muitas vezes na Terra?*

"R.: 'Certamente.'

"b) — *Podemos voltar a este, depois de termos vivido em outros mundos?*

R.: 'Sem dúvida. É possível que já tenhais vivido algures e na Terra'.

"174. *Tornar a viver na Terra constitui uma necessidade?*

"R.: 'Não, mas se não progredistes, podereis ir para outro mundo que não valha mais do que a Terra e que talvez até seja pior do que ela.'

"175. *Haverá alguma vantagem em voltar-se a habitar a Terra?*

"R.: 'Nenhuma vantagem particular, a menos que seja em missão, caso em que se progride aí como em qualquer outro planeta.'

"a) — *Não se seria mais feliz permanecendo na condição de Espírito?*

"R.: 'Não, não; estacionar-se-ia e o que se quer é caminhar para Deus.'

"176. *Depois de haverem encarnado noutros mundos, podem os Espíritos encarnar neste, sem que jamais aí tenham estado?*

"R.: 'Sim, do mesmo modo que vós em outros. Todos os mundos são solidários: o que não se faz num faz-se noutro'.

"a) — *Assim, homens há que estão na Terra pela primeira vez?*

"R.: 'Muitos, e em graus diversos de adiantamento.'

"b) — *Pode-se reconhecer, por um indício qualquer, que um Espírito está pela primeira vez na Terra?*

"R.: 'Nenhuma utilidade teria isso'. " ("O Livro dos Espíritos", FEB, pags. 122 a 124)

Em relação ao intervalo que medeia entre a desencarnação e próxima encarnação, o Espiritismo esclarece:

"223. *A alma reencarna logo depois de se haver separado do corpo?*

"R.: "Algumas vezes reencarna imediatamente, porém de ordinário só o faz depois de intervalos mais ou menos longos. Nos mundos superiores, a reencarnação é quase sempre imediata. Sendo aí menos grosseira a matéria corporal, o Espírito, quando encarnado nesses mundos, goza quase que de todas as suas faculdades de Espírito, sendo o seu estado normal o dos sonâmbulos lúcidos entre vós.'

"224. *Que é a alma no intervalo das encarnações?*

"R.: 'Espírito errante, que aspira a novo destino, que espera.'

"a) — *Quanto podem durar esses intervalos?*

'R.: 'Desde algumas horas até alguns milhares de séculos. Propriamente falando, não há extremo limite estabelecido para o estado de erraticidade, que pode prolongar-se muitíssimo, mas que nunca é perpétuo. Cedo ou tarde, o Espírito terá que volver a uma existência apropriada a purificá-lo das máculas de suas existências precedentes.'

"b) — *Essa duração depende da vontade do Espírito, ou lhe pode ser imposta como expiação?*

"R.: 'É uma conseqüência do livre-arbítrio. Os Espíritos sabem perfeitamente o que fazem. Mas, também, para alguns, constitui uma punição que Deus lhes inflige. Outros pedem que ela se prolongue, a fim de continuarem estudos que só na condição de Espírito livre podem efetuar-se com proveito.' " ("O Livro dos Espíritos" FEB, págs. 154 e 155)

Depois, o prelado alude à Metempsicose (encarnação do Espírito em um corpo de um animal), frontalmente repelida pelas Entidades Superiores, Arautos do Cristo, na Codificação kardequiana.

Alguns profitentes da Terceira Revelação conhecem uma obra apócrifa, intitulada "Os Quatro Evangelhos", ditada por mistificadores do Além, dizendo-se discípulos de Jesus, onde há o relato de Seres Extrafísicos (alguns até em Plano Superior, construindo mundos no Universo) que se transviaram, dominados pelo orgulho, e foram jogados na Terra (anjos decaídos).

A encarnação, segundo relato dos agentes das sombras, é castigo e a punição se dará na vivificação de uma forma repugnante, contendo membros em estado latente e que rasteja ou desliza no solo, denominada de "*Criptógamo carnudo*".

Graças a Deus, essa aberração espiritual (Queda dos Anjos), acrescida de uma heresia científica (encarnação em larvas informes) não são apanágios da Doutrina Espírita.

A respeito da tese malsinada e antidoutrinária de ser a encarnação um castigo e não uma necessidade, o excelso Mestre de Lyon, contrariamente, afirma o que se segue:

Segundo um sistema que tem algo de especioso à primeira

vista, os espíritos não teriam sido criados para encarnarem e a encarnação não seria senão o resultado de sua falta. Tal sistema cai pela mera consideração de que se nenhum espírito tivesse falido, não haveria homens na Terra, nem em outros mundos. Ora, como a presença do homem é necessária para o melhoramento material do mundo; como ele concorre por sua inteligência e sua atividade para a obra geral, ele é uma das engrenagens essenciais da criação. Deus não podia subordinar a realização desta parte da sua obra à queda eventual de suas criaturas, a menos que contasse para tanto com um número sempre suficiente de culpados para fornecer operários aos mundos criados e por criar. O bom senso repele tal idéia".

Continua o sensato Kardec: "*A encarnação é, pois, uma necessidade para o espírito que, realizando a sua missão providencial, trabalha seu próprio adiantamento pela atividade e pela inteligência, que deve desenvolver, a fim de prover à sua vida e ao bem-estar. Mas a encarnação torna-se uma punição quando, não tendo feito o que devia, o espírito é constrangido a recomeçar a sua tarefa e multiplicar suas existências corpóreas penosas por sua própria culpa.*

"*...o que é errado é admitir em princípio a encarnação como um castigo*" ("Revista Espírita" - Jun/1863, pag. 163, Edicel).

Em resposta à pergunta 132 de "O Livro dos Espíritos", os Instrutores do Além ensinam que, para chegarem à perfeição, *todos os Espíritos* "têm que sofrer *todas as vicissitudes da existência corporal.*" Também nos advertem que a *encarnação objetiva põe o ser extrafísico "em condições de suportar a parte que lhe toca na obra da criação";*

Na resposta da questão 133, os Benfeitores Espirituais nos dizem que "*todos os espíritos* são criados simples e ignorantes e se instruem *nas lutas e tribulações da vida corporal*";

Portanto, o Espiritismo não advoga a idéia de uma "reencarnação regressiva". O que o sacerdote utiliza para confundir não tem fundamento doutrinário. Trata-se de tese mediúnica; porém, não espírita, já que é discordante da Codificação Kardequiana.

A seguir, o eclesiástico relata que muitos reencarnacionistas dizem "*não poder ser a reencarnação regressiva, mas na pior das hipóteses, é estacionária por algum tempo*".

Realmente, a Doutrina Espírita afirma que os Espíritos não podem degenerar e "... à medida que avançam, compreendem o que os distanciava da perfeição. Concluindo uma prova, o Espírito fica com a ciência que daí lhe veio e não a esquece. *Pode permanecer estacionário, mas não retrograda.*" (Resposta da pergunta nº 118 de "O Livro dos Espíritos").

Kardec questionou a espiritualidade: "*Poderia encarnar num animal o Espírito que animou o corpo de um homem?*"

Recebeu a seguinte resposta: "*Isso seria retrogradar e o Espírito não retrograda. O rio não remonta à sua nascente*". (Pergunta 612 e sua resposta/L.E.)

Continuando na sua crítica, o religioso agride aos reencarnacionistas de diferentes religiões, dizendo: "*Como se vê, esta variedade de sentenças manifesta bem que a doutrina da reencarnação carece de base objetiva; é, antes, um postulado fantasioso dos que a professam...*"

Fantasiosa foi a miscelânea realizada pelo clérigo. Elabora uma obra, com o sentido de atacar o Espiritismo, e aborda divergências, em relação à reencarnação, de forma alguma de âmbito espírita.

Para o profitente da Causa do Consolador, não há discrepância a respeito da Doutrina que reflete a justiça e o Amor da "Inteligência Suprema do Universo".

Seguindo o curso do livro "Por que não sou espírita?", o seu autor traz, com falsa sabedoria e insegurança, o seguinte: "...*Com efeito; vejamos os argumentos aduzidos pelos reencarnacionistas:*

"*1) Os testemunhos de vida pregressa obtidos em estado de transe hipnótico. — Um estudo apurado dos mesmos revela que nada mais são do que a combinação de impressões colhidas durante esta vida mesma e guardados no inconsciente do sujeito. Este, sugestionado pelo hipnotizador de que viveu uma encarnação anterior, projeta essas impressões em combinação livre, tecendo o enredo de uma "vida pregressa"!*

Pelo que foi exposto pelo padre, ele não sabe patavina a respeito da regressão hipnótica da memória, inclusive desconhecendo a sua comprovação e eficácia clínica, pela Ciência.

O professor de saudosa memória, Hemendra Nath Banerjee,

nascido na Índia e radicado em San Diego (EUA), dedicou-se, com denodo, à pesquisa da reencarnação, tendo sido um dos grandes cientistas a dar prova irrefutável da realidade do "nascer de novo".

Em duas conferências que realizou, no Rio de Janeiro, em novembro de 1981, trouxe inúmeros casos patenteados de pessoas que foram curadas, através do método de regressão hipnótica da memória, chamada "Terapia de Vidas Passadas" (TVP) ou "paranálise", como preferia Banerjee.

Em um de seus relatos, uma senhora de Pittsburg (Georgia), sentia fortes dores de cabeça, há alguns anos, que ninguém conseguia debelar, tendo utilizado infrutíferos tratamentos. Através da TVP, descobriu-se que ela havia sido, em vida anterior, uma bailarina de "Saloon", desencarnada por meio de um tiro na cabeça. Tão logo se deu conta do acontecido, deixou de sentir a tormentosa cefaléia.

Banerjee apresentou, também, o caso da Sra. Diane Storn, com constantes sensações de sufocamento e total insegurança em relação a sua vida. A regressão mostrou que, numa existência pretérita, havia se suicidado após perder tudo o que tinha no "crack" da Bolsa de Valores. A cura se processou tão logo a paciente teve conhecimento do fato.

No Brasil, na cidade de São Paulo, a médica Maria Júlia Moraes Prieto Peres é renomada especialista em TVP, com grande estatística de curas bem evidenciadas. Em palestra proferida em Águas de São Pedro, em setembro de 1988, fez a seguinte observação: "A Terapia Regressiva a Vivências Passadas é um Recurso *terapêutico*, de uma linha psicoterápica, pertencente às psicoterapias de orientação transpessoal. Utiliza como *método* de trabalho *a regressão de memória para fins terapêuticos*, que pode ser desenvolvido através de numerosas *técnicas* de regressão (os grifos são da conferencista).

"*Regressão de memória* é o processo pelo qual o indivíduo é levado a retroceder cognitivamente a estágios anteriores de sua vida (atualmente ou passada).

"Na T.V.P., pela regressão o paciente se conscientiza de traumas (desta ou de outras vidas) que estavam reprimidos no inconsciente, bloqueados pelo consciente, causando-lhe disfunções que estão incluídas principalmente entre os distúrbios de natureza psíquica, psicossomática, orgânica e de relacionamento interpessoal.

"Nesta conscientização (AÇÃO CONSCIENTIZADORA), são evidenciadas, pelas lembranças regressivas, causas remotas de alguns de seus problemas atuais, que se afloram em forma de determinadas cenas traumáticas do passado, as quais o paciente vivencia, com liberação de intenso conteúdo emocional e manifestações organo-sensoriais. Isto o leva a compreender, obedecendo às leis de causa e efeito, a etiologia primária de sua sintomatologia atual. Entende também a necessidade da fase terapêutica seguinte à regressão, que é de igual ou maior importância: a elaboração e processamento dos traumas vivenciados para a sua transformação comportamental (AÇÃO TRANSFORMADORA). Aqui, por um processo de auto-educação, o paciente faz uma reformulação de seu modelo de vida, programando para si as mudanças comportamentais de que necessita para transformar-se de forma bem direcionada, e atingir o equilíbrio.

"Este é um processo de RESSIGNIFICAÇÃO. Ressignificar é vivenciar uma experiência traumática dolorosa e não aceita, causadora do distúrbio atual, e refundi-la como lição de vida, útil ao seu aprendizado e à sua evolução."

Na realidade, tomando conhecimento dos argumentos lançados pelo escritor católico, a primeira impressão que se tem é a de não ser espiritualista o autor da tese, já que o prelado desconhece inteiramente a existência da alma (espírito encarnado) como um ser imortal distinto, agindo por si mesma e independente do corpo de carne. Ignora, também, o padre a presença do perispírito, envoltório intermediário entre o Espírito e a matéria física, a vestimenta do ser extracorpóreo, denominado pelo apóstolo Paulo de "*corpo espiritual*", onde estão registrados e arquivados os fatos ocorridos em vidas anteriores, sendo a sede dos estados conscienciais pretéritos.

Através de uma técnica de investigação, utilizando a psicologia de profundidade, os terapeutas têm acesso a razões, que se apresentam ocultas, responsáveis por disfunções orgânicas do presente. Na realidade, em grande parte, suas causas remontam além da vida intra-uterina, confirmando os registros extracerebrais de uma memória sobreexistente e imperecível.

Em estado de vigília, o esquecimento das experiências, vivenciadas em vidas anteriores, é uma dádiva divina aos homens, permitindo refazer um passado desarmônico, sem a lembrança malfazeja dos fatos e das pessoas envolvidas. Contudo, emancipada a alma, surgem condições apropriadas de liberdade para a retomada das lembranças.

Tanto a criança, como o velho, são propícios a regressões de memória espontâneas, responsáveis pela comprovação da palingênese ou reencarnação pela ciência.

O Prof. Ian Stevenson, catedrático de Neurologia e Psiquiatria de Virginia (EUA), tem uma estatística de mais de mil casos, demonstrando a realidade da pluralidade das vidas sucessivas, com crianças que lembravam de fatos ocorridos em outra existência, sem sofrerem qualquer tipo de estímulo hipnomagnético.

Os idosos, pela facilidade da exteriorização do perispírito, também, facilmente, têm reminiscências de outra vida, as quais surgem aparentando ser lesões orgânicas mentais. Na obra "*Psiquiatria em face da reencarnação*" *(Edição FEESP)*, do médico Inácio Ferreira, alguns casos de lembranças espontâneas de existência anterior são descritos, confundidos, muitas vezes, com perturbações mentais, como a psicose ou demência senil.

Contrariando o prelado, as pesquisas científicas estabelecem a realidade da reencarnação, exatamente por provarem que as impressões colhidas provêm de outra existência. Disse com muita propriedade o Prof. Stevenson, de crença protestante: "*A reencarnação é uma realidade e não tenho mais dúvidas de sua existência.*"

Continuando na sua arenga antiespírita, o sacerdote dá mais um exemplo dos "argumentos aduzidos pelos reencarnacionistas", acompanhada da sua primária refutação:

"*... 2) A desigualdade das sortes humanas só se explicaria como conseqüência de atos bons ou maus praticados numa encarnação anterior. — Respondemos que Deus é livre para criar os homens como Ele os quer; a cada qual Deus dá a graça para que se santifique e chegue à vida eterna; às vezes uma pessoa tida como pobre ou doente no plano material e passageiro pode* *ser extraordinariamente rica e sadia no plano dos valores definitivos. Ademais, segundo os princípios reencarnacionistas, quem atualmente é doente e pobre é um pecador que está expiando pecados da vida passada, ao passo que os ricos e sadios são pessoas virtuosas que estão recebendo o prêmio dos atos bons praticados em encarnação anterior. Ora, tais conclusões são absurdas.*"

Realmente o religioso alude a argumentos muito absurdos, os quais nada têm a ver com o Espiritismo.

É uma pena que o padre não tenha tido pelo menos o honesto propósito de, primeiramente, se instruir a respeito da Doutrina Espírita, antes de se arvorar em destruidor e ceifador da Terceira Revelação Divina à humanidade.

Os seguintes ensinamentos esclarecedores são encontrados a respeito do tema em tela, em "O Livro dos Espíritos" (questões 814 a 816):

"*As provas de riqueza e de miséria*"

"814. *Por que Deus a uns concedeu as riquezas e o poder, e a outros, a miséria?*

"Para experimentá-los de modos diferentes. Além disso, como sabeis, essas provas foram escolhidas pelos próprios Espíritos, que nelas, entretanto, sucumbem com freqüência."

"815. *Qual das duas provas é mais terrível para o homem, a da desgraça ou a da riqueza?*

"São-no tanto um quanto outra. A miséria provoca as queixas contra a Providência, a riqueza incita a todos os excessos."

"816. *Estando o rico sujeito a maiores tentações, também não dispõe, por outro lado, de mais meios de fazer o bem?*

"Mas é justamente o que nem sempre faz. Torna-se egoísta, orgulhoso e insaciável. Com a riqueza, suas necessidades aumentam e ele nunca julga possuir o bastante para si unicamente.

"— A alta posição do homem neste mundo e o ter autoridade sobre os seus semelhantes são provas tão grandes e tão escorregadias como a desgraça, porque, quanto mais rico e poderoso é ele, tanto mais obrigações tem que cumprir e tanto mais abundantes são os meios de que dispõe para fazer o bem e o mal, Deus experimenta o pobre pela resignação e o rico pelo emprego que dá aos seus bens e ao seu poder.

"*A riqueza e o poder fazem nascer todas as paixões que nos prendem à matéria e nos afastam da perfeição espiritual. Por isso foi que Jesus disse: 'Em verdade vos digo que mais fácil é passar um camelo por um fundo de agulha do que entrar um rico no reino dos céus'...*"

No item terceiro, o reverendo mais uma vez se apresenta infeliz, dizendo: "*...3) Os demais fenômenos tidos como provas da reencarnação (o 'já visto', os gênios, a memória extraordinária...) são facilmente explicados pela parapsicologia como expressões do psiquismo humano...*"

É claro que algumas reminiscências ou recordações podem ser definidas como habituais, surgindo à tona da consciência, em um momento favorável.

O reconhecimento de fatos e lugares, ou seja, a sensação de já ter ocorrido determinada circunstância em que se está ainda vivenciando ou de se recordar de um local em que se está visitando pela primeira vez é conhecido em francês como "'déja-vu", em português: "já visto".

Essas lembranças são transcendentais quando não trazem concordância com alguma rememoração havida em tempo de criança ou em qualquer fase da atual existência. Os casos autênticos de "já visto" não são, como diz o padre, "*facilmente explicados pela parapsicologia como expressões do psiquismo humano*". Pelo contrário, reforçam a tese reencarnacionista, desde que não há uma simples lembrança, ocorre também sensação de angústia ou de alegria, de acordo com a vivência, ruim ou boa, acontecida em vida pretérita.

Quanto aos gênios, englobando também o aspecto da chamada criança-prodígio, também não são facilmente explicados pela Parapsicologia materialista, onde se encontram, falsamente outorgados, alguns pseudomestres de batinas.

Será com facilidade entendido, o fato de Mozart tocar qualquer música aos quatro anos de idade e compor com apenas oito?

É bem claro, Rembrant desenhar com maestria antes de aprender a ler?

Torna-se naturalmente compreendido, Henecke saber com profundidade três idiomas aos doze anos de idade? E Hamilton conhecer o hebraico e mais onze línguas aos treze anos?

Sem esforço, entender Ericson, com doze anos, sendo responsável por seiscentos homens, como inspetor do canal de Suez?

E Jaques Chrichton? Compreende-se, sem custo, discutir em latim, grego, hebraico ou árabe, aos quinze anos de vida?

Michelângelo, com 8 anos de idade, já era considerado completo na arte de pintura. Para a parapsicologia é simples a explicação do fato?

Pascal aos 13 anos de vida dominava inteiramente a matemática e a geometria. Também com 13 anos de idade, Victor Hugo já era literato, Listz, aos 14 anos havia composto uma ópera e desde muito pequeno era considerado grande intérprete musical. Com 10 anos Beethoven já era reconhecido como um gênio. Pepito de Ariola tocava árias como um mestre, tendo apenas 4 anos de vida. Marco Aurélio recebia aulas de retórica de Hermógenes, que tinha, na época, 15 anos de idade. Leibnitz era mestre, aos 8 anos, de latim e com 12 anos, de grego. Trombetti, em adulto, falava 300 línguas. Aos 12 anos , conhecia com facilidade alemão, francês, hebraico, grego e latim. Van de Kefkhore, quando desencarnou precocemente aos 11 anos de vida, já tinha produzido à saciedade cerca de 350 quadros.

Sem a possibilidade de um conhecimento e adestramento anterior, em pretérita existência física ou no plano extrafísico, como entender os enigmáticos gênios?

O célebre Leonardo da Vinci, sábio italiano, nascido em 1452 e falecido em 1519, foi, além de emérito pintor, escritor de grande valor literário e científico. Em Milão, trabalhou como engenheiro militar e arquiteto. Ao mesmo tempo que elaborava quadros belíssimos, redigia notas, ilustradas com desenhos para tratados de matemática, anatomia, óptica, perspectiva, mecânica, balística e hidráulica.

Desencarnou aos 67 anos de idade, tempo muito pequeno e limitado para proporcionar a um ser humano a honra de ser conhecido pela humanidade como um dos seus grandes representantes. Um sábio entre os outros sábios.

Certamente, os que dizem ser o gênio perfeitamente iluminado pela ótica da hereditariedade, tentando uma possível explicação materialista, talvez desconheçam que Leonardo da Vinci, Benjamim Franklin, Champolliom, Schliemann, Spinoza, Beethoven, Berzelius, Kant, Galileu, Copérnico, Descartes, Kepler, Galvani, Bacon, Berkeley, Claude Bernard e muitos outros sábios, vieram de uma família sem expressão e os descendentes, sem a inteligência de seus pais, contrariam o famoso ditado popular: "*Filho de peixe, peixinho é*".

É lógico que os gênios se apresentam ricos de aptidões espontâneas, não justificadas pelas vivências de uma só vida. Alguns já, em tenra idade, se revelam como sábios. O fator hereditário torna-se frágil argumento, diante dos exemplos enumeráveis, ao longo da história, de homens geniais gerando filhos não inteligentes e de seres embrutecidos dando vida a gênios.

Benjamin Franklin, físico, filósofo, inventor, político norte-americano, foi filho de um modesto fabricante de velas. Tornou-se um do grandes personagens da história americana: gigante na tarefa da declaração da independência dos Estados Unidos, autor de pesquisas de eletrostática e criador do pára-raio. Foi ardoroso adepto da doutrina reencarnacionista, deixando em seu túmulo, o seguinte epitáfio: "*Aqui jaz, como a lombada lavrada da capa de um livro, o corpo de Benjamin Franklin, livreiro, que há de voltar em edição nova e renovada*".

Jean François Champolliom constituiu-se em um dos grandes sábios enigmáticos da História. Seu nascimento foi entremeado de dois estranhos acontecimentos: 1) A genitora, desenganada pelos médicos, foi curada por um feiticeiro que vaticinou a encarnação de uma criança que, no futuro, se tornaria famosa;

2) A observação da pele escura do menino, com o aspecto oriental da face e as córneas de cor amarela, marcante nas pessoas do Oriente. É necessário frisar o incomum acontecimento, desde que a família Champolliom habitava uma região notadamente ariana (cidade de Figeac, sudoeste da França).

Aos onze anos de idade, já se revelava um gênio, travando um debate, na escola, com o famoso físico e matemático Fourier. Convidado pelo professor, foi à sua casa, onde teve acesso a um importante material, contendo fragmentos de papiros e pedras com inscrições hieroglíficas.

Emocionada, a criança perguntou ao sábio francês: — "Pode-se ler isso?" Mediante a negativa do cientista, o garoto afirmou: — "Eu os lerei! Dentro de alguns anos os lerei! Quando for grande!"

"Aos dezessete anos de idade, já conhecendo línguas remotas ligadas ao Egito Antigo, como o copta, faz o primeiro mapa histórico do Egito e esboça um livro a respeito dos antigos egípcios. Convidado a expor suas audaciosas teses na Academia de Grenoble, o efeito é imediato: Champollion entra como estudante e sai como acadêmico, aclamado por unanimidade membro da Academia.

"Voltando a Paris, junto com seu irmão na carruagem, exclama: — '*Eu decifrarei os hieróglifos. Eu sei!*' "

"Certamente, essa afirmação provinha da sua intimidade espiritual (Eu Superior), sua individualidade manifestava-se através da personagem física. Ele sabia, interiormente, que tinha domínio sobre a escrita hieroglífica e o Espiritismo ensina-nos que todas as nossas aquisições, conquistadas em vidas pretéritas, são gravadas no inconsciente. Portanto, naquele momento, patenteava-se integralmente a faculdade intuitiva em Champollion." (Retirado do Capítulo "*A Reencarnação Decifrando Champollion*", *do livro* "*A Queda dos Véus*". Editora do Centro Espírita Léon Denis, do mesmo autor, Américo Domingos Nunes Filho).

Trago mais insofismáveis provas da existência da reencarnação. Sem a doutrina palingenética, torna-se muito difícil a interpretação dos fatos enigmáticos ocorridos com o gênio Champollion.

Já desde o nascimento, o decifrador da escrita hieroglífica revelava-se "...ter sido, em vida pretérita, alguém que tenha vivido nas terras *áridas e misteriosas* dos antigos faraós e reencarnou com a sublime e árdua missão de *ressuscitar* o pensamento da estranha e mística civilização egípcia, permitindo-nos ouvir, *no presente*, o eco das vozes dos antigos habitantes do Nilo gravadas nos *hieróglifos*." (Outro trecho da mesma obra citada acima).

Outro gênio, dificilmente avaliado sem a luz reencarnacionista, é Heinrich Schliemann. Reencarnou, em 1822, em Macklemburgo, na Alemanha, em um lar muito pobre e humilde.

"...Aos sete anos de idade, vendo uma gravura,

representando o ataque grego aos muros fortificados de Tróia, Schliemann ouviu de seu pai que ninguém sabia da veracidade do fato. Circunspecto, afirmou que, quando crescesse, descobriria Tróia. O pai sorria.

"Com dez anos de idade, mostrou ao seu genitor uma redação sobre os principais fatos relacionados à guerra de Tróia, descrevendo as aventuras de Ulisses e Agamênon.

"Aos quatorze anos de idade foi trabalhar no comércio, em uma loja de secos e molhados. Lá, certo dia, deparou-se com um homem embriagado que, muito estusiasmado, recitava versos, deixando Schliemann extasiado, embora nada compreendesse então. Quando foi informado que se tratava de versos da Ilíada de Homero, pagou ao ébrio para que os repetisse.

"Por que tanta atração em relação a Homero e seus poemas? Por que Schliemann dispensava tamanho interesse em tudo que se relacionava com os tempos homéricos? Por que tanta determinação em conhecer tudo que se relacionava com a Grécia Antiga?

"Somente a doutrina da reencarnação poderia iluminar todos os caminhos sombrios da dúvida e da incerteza, trazendo o esclarecimento necessário de que Schliemann veio ao mundo com a sublime e importante missão de comprovar que as cidades homéricas não eram criações da fantasia e fazer de Homero um personagem verdadeiramente histórico." (Retirado do Capítulo: "*Luz da Reencarnação sobre a Arqueologia*" do livro "*A Queda dos Véus*", publicado pela Editora do Centro Espírita Léon Denis, do mesmo autor, Américo D. Nunes Filho).

Já adulto, Schliemann embarca para a Grécia. Logo, de imediato, em Ítaca, conhece um ferrador de cavalos que lhe apresenta sua mulher, Penélope, e os filhos Odisseu e Telêmaco. "...Mais tarde, Schliemann, emocionado, declama para os descendentes daquele povo de antanho, na própria língua grega, o canto XXIII da Odisséia. Aquele estrangeiro lia com lágrimas nos olhos os poemas de Homero e com ele todos choravam!

"Naquele momento nas profundezas de seu espírito imortal algo de espetacular acontecia. Schliemann certamente relembrava que, o que ali se passava, já tinha sido vivenciado por ele, em vida pretérita.

"Seria a individualidade que deu vida ao personagem Homero que retornava à vida física? Teria Homero nascido de novo, com o compromisso de atestar a veracidade de sua existência e impor ao que era imaginativo a realidade?" ("A Queda dos Véus")

Em 1870, o incansável gênio alemão iniciou uma escavação na bela colina de Hissarlik, descobrindo nove cidades submersas, estando Tróia situada na sexta camada a contar de baixo.

"...O que se pensava ser ficção era realidade. Naquele momento, Homero se consagrava como um verdadeiro historiador. A descoberta de Tróia provava ao mundo de que os acontecimentos relatados por Homero não eram especulações imaginativas do autor. Schliemann, com seu idealismo, arrancava das profundezas do solo a verdade a respeito do poeta grego.

"...Com sua pá, impulsionada pela vontade férrea de provar algo que trazia nos refolhos mais íntimos do seu espírito, Schliemann permite legitimizar muitas das descrições de locais, casas e palácios, citados nos poemas homéricos." *("A Queda dos Véus")*

Não há dúvidas da presença reconfortante e amorosa da reencarnação explicando a problemática dos gênios e das crianças-prodígios, decifrando enigmas de difícil compreensão ou interpretação.

O quarto argumento trata-se de "*O conceito de inferno..*". O padre diz o seguinte: "*Muitas vezes a má compreensão do que seja o inferno leva a rejeitá-lo em favor do reencarnacionismo. Na verdade, o inferno não é um tanque de enxofre fumegante atiçado por diabos munidos de tridentes, mas é um estado de alma, no qual o indivíduo se projeta por dizer NÃO a Deus: após a morte, a pessoa que morre consciente e voluntariamente avessa a Deus, é respeitada em sua opção definitiva, mas não pode deixar de reconhecer que Deus é o Sumo Bem... e o Sumo Bem que continua a amá-la irreversivelmente. É o fato de que Deus ama uma vez por todas, mas foi conscientemente preterido em favor de bagatelas, que causa o tormento do réprobo. Se Deus desviasse do réprobo o seu amor, ele não sofreria o inferno; mas Deus não pode deixar de amar, porque Ele não se pode contradizer. E precisamente nisto que está o princípio do inferno. Vê-se assim que o inferno, longe de contradizer ao amor de Deus, decorre, de certo modo, da grandeza divina desse amor.*"

Se o Sumo Bem que é Deus ama irreversivelmente aos seus filhos, sabendo da ignorância de que se acham revestidos os que se encontram avessos a ELE, não pode de forma alguma respeitar a "*opção definitiva da negação*", deixando a grande esmagadora maioria da Sua criação ser condenada por todo o sempre.

Exatamente por não poder deixar de amar, Deus concede a todos a eternidade do perdão.

O "tormento do réprobo" é a consciência do espírito remoendo no Plano Extrafísico, oprimindo-o, recriminando-o. Devido a aparência de prolongar-se indefinidamente, o sofrimento do autojulgamento é denominado de "fogo eterno". Na realidade é o "fogo do remorso".

O Mestre Jesus, antecipadamente, pôs por terra esse conceito dogmático, com os seguintes ensinamentos, contidos nos versículos a seguir:

1) Certa feita, um discípulo de Jesus perguntou ao Mestre: "Senhor, até quantas vezes meu irmão pecará contra mim, que eu lhe perdoe? Até sete vezes? Respondeu-lhe o Cristo: 'Não te digo que até sete vezes, mas até setenta vezes sete". (Mt. 18:21-22)".

Incomensurável é o amor de Deus, perdoando sempre o filho infrator às suas leis;

2) 'Qual dentre vós é o homem que se porventura o filho lhe pedir pão lhe dará pedra? Ou se lhe pedir peixe, lhe dará uma cobra? Ora se vós, que sois maus, sabeis dar boas dádivas aos vossos filhos, quanto mais vosso Pai que está nos Céus..." (Mt. 7:9-11)."

Se um pai não castiga eternamente ao seu filho, como pode Deus punir um fruto da Sua criação por todo o sempre?;

3) Em Mateus 5:25-26: "entra em acordo sem demora com o teu adversário, enquanto estás com ele a caminho, para que o adversário não te entregue ao juiz, o juiz ao oficial de justiça e sejas recolhido à prisão. Em verdade te digo que *não sairás dali enquanto não pagares o último centavo*".

O Mestre, peremptoriamente, arrasa com o conceito do inferno, dizendo que a prisão é transitória, a pena não é perpétua. Através do "nascer de novo", as dívidas serão resgatadas, pagando-se o último ceitil. Daí o Cristo ter dito a Nicodemos que todos teriam que reencarnar: "Importa-VOS nascer de novo" (João 3:7);

4) "*Jesus visitou e pregou aos espíritos em prisão*" (1 Pedro 3:19).

Esse versículo liquida inteiramente com o chamado "Suplício eterno", porquanto o Mestre foi *visitar e pregar* aos que estavam em sofrimento desde o tempo de Noé (1 Pedro 3:20). O ato de *visitar e pregar*, explicitamente derruba a possibilidade da existência do inferno, porquanto o Cristo foi às regiões inferiores do Plano Espiritual para *pregar*, isto é, *difundir uma doutrina, propagar idéias virtuosas, preconizar a melhoria espiritual de outrem.*

Certa feita, quando jovem, praticante do protestantismo, abordei o pastor da igreja que freqüentava, a respeito desse versículo. O reverendo teve a petulância de dizer-me que o Mestre foi ao inferno mostrar a Sua glória para os que lá estão definhando por todo o sempre. Com assaz infelicidade, o "pastor de almas" enquadrou o Cristo como um vulgar sado-masoquista, felicitando-se com o sofrimento alheio.

Anteriormente, no meu tempo de infância, professava o Catolicismo. Lembro-me quando indaguei, do sacerdote que ministrava as aulas de Catecismo, o seguinte: — Padre, se eu for para o céu e a minha genitora para o inferno, como comportarei no paraíso, sabendo que minha mãe está sofrendo?

O prelado foi muito infeliz e cruel na resposta, dizendo-me que os eleitos esquecem o que foram na Terra. De imediato, redargüi, afirmando-lhe não acreditar que Deus possa fazer uma lavagem cerebral nos que entram para o éden eterno.

Logo me afastei dessa religião que prega existir nenhum sentimento de piedade e de caridade, subsistindo naqueles que se encontram na beatitude celestial. Inclusive a 'Summa Theologia", de S. Tomás de Aquino; suplemento da parte III, quest. 95, arts. 1, 2 e 3, edição de Lião, 1685, T-II, pag. 425, traz a seguinte aberração: "Os eleitos, no céu, não conservam *sentimento algum de amor e amizade pelos réprobos; não sentem por eles compaixão alguma e até gozam do suplício de seus amigos e parentes.*

"*Os eleitos o gozam no sentido de que se sentem isentos de torturas, e que, por outro lado, neles terá expirado toda compaixão, porque admirarão a justiça divina*". *(Retirado do livro "Cristianismo e Espiritismo", pag. 247, 6ª edição, FEB).*

5) No Antigo Testamento, no livro de Isaías, capítulo 57, versículo 16, está bem claro que não existe condenação eterna: "*...não contenderei para sempre, nem me indignarei continuamente; porque, do contrário, o espírito definharia diante de mim e o fôlego da vida que eu criei.*"

6) "A seguinte passagem do Evangelho nos revela que o sofrimento, após a morte física, é padecido com *diferenciação* e tem finalidade corretiva: 'Aquele servo, porém, que conheceu a vontade de seu senhor e não se aprontou, nem fez segundo a sua vontade, *será punido com muitos açoites*. Aquele, porém, que não soube a vontade do seu senhor e fez cousas dignas de reprovação, *levará poucos açoites*' (Lc. 12:47-48).

"O 'inferno', além de não ser eterno, não é o mesmo para todos os pecadores. O próprio Jesus esclarece essa questão, em continuação ao versículo 48: '*Mas àquele a quem muito foi dado muito mais lhe pedirão*'. Portanto, os espíritos, que reencarnaram com conhecimentos espirituais, ou que os adquirem na presente existência, já não sendo mais 'porcos para quem não devam ser lançadas pérolas, nem cães para os quais as coisas santas não devam ser dadas' (Mt. 7:6), têm grande responsabilidade e são mais culpados, diante do insucesso na existência física, levando ao 'inferno do remorso' (muitos açoites), que os outros Espíritos que falharam, sem o conhecimento prévio das coisas espirituais, com o remorso remoendo menos (poucos açoites), já que não tinham idéia precisa do mal em que incorreram.

"Na verdade, existem inúmeros estados de sofrimentos, como inúmeros são nossos erros, porém os erros de uma única existência, jamais poderiam justificar o sofrimento por toda a Eternidade.

"Se o ser está lesado em seu espírito, devido ao mau procedimento em vida passada, vivendo intenso sofrimento espiritual (fogo eterno), é necessário que reencarne, marcando no corpo físico a sua deficiência, tendo a oportunidade da cura total, através do seu procedimento diante do resgate, expurgando do corpo espiritual a chaga que o maltratava.

"No decurso de existências sucessivas, o espírito se vai aprimorando e tornando-se apto, através da evolução espiritual, de compreender e habitar o Universo.

"A Espiritualidade, por intermédio das Escrituras, nos revela a grandiosidade da lei da reencarnação, que permite o nosso aprimoramento, em época certa, quando já teremos 'olhos para ver' e 'ouvidos para ouvir', (Mt. 11:15).

"Tudo realmente tem uma causa e fomos criados para a ventura eterna. Com o pensamento voltado para o oceano de galáxias, revelando a grandiosidade da criação, ouvimos, no nosso íntimo, as palavras do representante maior da Divindade, em nosso planeta: "Na casa de meu Pai há muitas moradas..." (Jo. 14:2).

"O Universo espelha a eternidade de nossos espíritos e nos mostra que o seu Autor, sendo Onisciente e, produzindo uma obra tão gigantesca e maravilhosa, não erraria ao ponto de permitir o "inferno eterno" e deixar que o fruto de Sua Criação, "feito à sua imagem e semelhança" — (Gn. 1:27), perecesse para todo o sempre.

"*Sem reencarnação só restam o caos e a desesperança.*" (Retirado do Capítulo "*Inferno Eterno ou Reencarnação*", do livro "*A Queda dos Véus*", publicado pelo Centro Espírita Léon Denis, do mesmo autor, Américo Domingos Nunes Filho).

A seguir, o quinto argumento e sua rudimentar refutação, transcrita, como de hábito, integralmente:

"*5) O reencarnacionismo atribui ao homem o poder de salvar a si mesmo mediante sucessivas existências na carne, durante as quais o indivíduo mesmo se aperfeiçoa por seus esforços. Ao contrário, o bom senso e a fé mostram que o homem é, por si só, incapaz de se libertar do pecado e necessita da graça de Deus para se salvar. Somente numa perspectiva panteísta (ver cap. VI, a seguir) é que se pode admitir a auto-salvação do homem (pois no caso ele é parcela da Divindade); contudo numa perspectiva monoteísta, segundo a qual Deus é distinto do mundo e do homem, é lógico que o homem limitado e falho como é, necessita de Deus para se auto-realizar plenamente.*"

O poder atribuído pelo sacerdote ao reencarnacionismo de salvar o homem por si mesmo vem de Deus e foi muito bem ensinado por Jesus.

Na discussão da refutação anterior (nº 4), coloquei várias referências bíblicas, anatematizando a doutrina dogmática do inferno. Portanto, não existindo o suplício eterno e havendo chance de sair-se da prisão, a reencarnação surge como a luz da alvorada, afastando, com seus primeiros clarões, as trevas, a escuridão da noite.

O eclesiástico, após revelar uma crença confusa e absurda ("o homem é incapaz de se libertar do pecado...), refere-se a uma "perspectiva panteísta", como de aceitação por parte dos espíritas.

Desde o início da refutação da obra do autor católico, constato, da sua lavra, afirmações primárias, elementares, destituídas de embasamento, muito mal fundamentadas.

O livro "Por que não sou espírita?" revela-se como uma verdadeira colcha de retalhos, tentando encobrir uma secular sujeira eclesiástica, armazenada nas vetustas e bolorentas sacristias, utilizando o processo psicológico da transferência. Tenta enquadrar a Doutrina Espírita como fiel proprietária das impurezas religiosas, chegando ao ponto de atacar os seguidores de Kardec e macular o Consolador prometido por Jesus, denominando-os de *panteísta*.

CAPÍTULO VI

PANTEÍSMO

Diz o sacerdote: "*O Espiritismo, seja o Kardecista, seja o afro-brasileiro, parece dar menos importância a Deus do que aos espíritos desencarnados. O culto espírita versa geralmente sobre a comunicação com os mortos.*"

É muito triste constatar que essa asserção saiu dos lábios de um religioso e, ainda por cima, faz parte de um livro.

Ataca o Espiritismo, com afirmações gratuitas, sem conhecer, na realidade e na intimidade de seus escritos básicos, a Doutrina que redivive o Cristianismo primevo.

Primeiramente, devo, mais uma vez, informar a todos o seguinte: Não existe o termo *Kardecista*. O Espiritismo não foi inventado por Allan Kardec. Ele codificou a Doutrina, que é única. *Só existe um Espiritismo. A Umbanda, como outras religiões espiritualistas, não é Doutrina Espírita: "Não se deve confundir alhos com bugalhos*".

Quanto ao "*parecer* dar menos importância a Deus do que aos espíritos", não há necessidade de defender a minha religião, porquanto o próprio padre nada afirma, apenas utiliza o verbo parecer, *parece mas não é. Aparenta ser, mas não é.*

Depois, entra no assunto propriamente dito, sem mais divagar infantilmente:

"*Quando tratam de Deus, vários autores espíritas professam o panteísmo, ou seja, a identificação de Deus com o mundo e o homem. Ora, tal conceito é ilógico e aberrante, pois Deus, por definição, é o Absoluto e Eterno, ao passo que toda criatura é relativa, contingente e temporária. Eis alguns testemunhos significativos:*

* "*Leão Denis: 'Deus é a grande alma universal, de que toda alma humana é uma centelha, uma irradiação. Cada um de nós possui em estado latente forças emanadas do divino Foco'*, ("Cristianismo e Espiritismo", 5ª edição, p. 246).

* "Leão Denis: 'O Ser Supremo não existe fora do mundo, porque é sua parte integrante e essencial' ("Depois da Morte", 6ª edição, p. 114)

"O escritor espírita Rangel Veloso diz ter ouvido a seguinte declaração num Centro Espírita:

'Deus é como uma folha de papel, rasgadinha em milhões, bilhões e não sei quantas mais divisões. Lançados esses pedacinhos de papel no Universo, cada pedacinho de papel representa um homem e um ser existente; todos reunidos, formando o todo, é Deus'. ("Pseudo-sábios ou Falsos Profetas", 1947, p. 34)

"O Primeiro Congresso de Espiritismo de Umbanda adotou unanimemente a conclusão nº 5:

"A filosofia (de Umbanda) consiste no reconhecimento do ser humano como partícula da Divindade, dela emanada límpida e pura, e nela firmemente reintegrada ao fim do necessário ciclo evolutivo no mesmo estado de limpidez e pureza, conquistado pelo seu próprio esforço e vontade.'

"(Textos colhidos no opúsculo de Frei Boaventura Kloppenburg: 'Por que a Igreja condenou o Espiritismo', 2ª edição, Petrópolis, 1954, p. 29)."

DE FORMA NENHUMA, O ESPIRITISMO É PANTEÍSTA. Em "O Livro dos Espíritos", nas respostas das questões 14 a 16 e nos comentários sempre judiciosos de Kardec, são encontrados os seguintes ensinamentos, exatamente contrários à afirmação do confuso sacerdote Estêvão Bettencourt:

Questão nº 14) '*Deus é um ser distinto, ou será, como*

---

* **Nota do Autor**: O Prelado cita com impropriedade o nome do escritor. Chama-se Léon Denis.

opinam alguns, a resultante de todas as forças e de todas as inteligências do Universo reunidas?

Resposta: "Se fosse assim, Deus não existiria, porquanto seria efeito e não causa. Ele não pode ser ao mesmo tempo uma e outra coisa.

"Deus existe; disso não podeis duvidar e é o essencial. Crede-me, não vedes além. Não vos percais num labirinto donde não lograrieis sair. Isso não vos tornaria melhores, antes um pouco mais orgulhosos, pois que acreditaríeis saber, quando na realidade nada saberíeis. Deixai, conseguintemente, de lado todos esses sistemas; tendes bastante coisas que vos tocam mais de perto, a começar por vós mesmos. Estudai as vossas próprias imperfeições, a fim de vos libertardes delas, o que será mais útil do que pretenderdes penetrar no que é impenetrável."

Questão nº 15) "*Que se deve pensar da opinião a qual todos os corpos da Natureza, todos os seres, todos os globos do Universo seriam partes da Divindade e constituiriam, em conjunto, a própria Divindade, ou, por outra, que se deve pensar da doutrina panteísta?*

Resposta: "Não podendo fazer-se Deus, o homem quer ao menos ser uma parte de Deus."

Pergunta nº 16) "*Pretendem os que professam esta doutrina achar nela a demonstração de alguns dos atributos de Deus: Sendo infinitos os mundos, Deus é, por isso mesmo, infinito; não havendo o vazio, ou o nada em parte alguma, Deus está por toda parte; estando Deus em toda parte, pois que tudo é parte integrante de Deus, ele dá a todos os fenômenos da Natureza uma razão de ser inteligente. Que se pode opor a este raciocínio?*

Resposta: "A razão. Refleti maduramente e não vos será difícil reconhecer-lhe o absurdo."

"Esta doutrina faz de Deus um ser material que, embora dotado de suprema inteligência, seria em ponto grande o que somos em ponto pequeno. Ora, transformando-se a matéria incessantemente, Deus, se fosse assim, nenhuma estabilidade teria; achar-se-ia sujeito a todas as vicissitudes, mesmo a todas as necessidades da Humanidade; faltar-lhe-ia um dos atributos essenciais da Divindade: a imutabilidade. Não se podem aliar as propriedades da matéria à idéia de Deus, sem que ele fique rebaixado ante a nossa compreensão e não haverá sutilezas de sofismas que cheguem a resolver o problema da sua natureza íntima. Não sabemos tudo o que ele é, mas sabemos o que ele não pode deixar de ser e o sistema de que tratamos está em contradição com as suas mais essenciais propriedades. Ele confunde o Criador com a criatura, exatamente como o faria quem pretendesse que engenhosa máquina fosse parte integrante do mecânico que a imaginou.

'*A inteligência de Deus se revela em suas obras como a de um pintor no seu quadro; mas, as obras de Deus não são o próprio Deus, como o quadro não é o pintor que o concebeu e executou.*" *(Comentário de A. Kardec)*

Portanto, o eclesiástico pode trazer os testemunhos que desejar, pode buscá-los à saciedade nas fontes que desejar. O Espiritismo está alicerçado na *Codificação Kardequiana* e a teoria panteísta é inteiramente rechaçada pelos Espíritos Superiores, arautos do Cristo.

Quanto a ser a alma humana, segundo declara Léon Denis, uma centelha divina, o sacerdote deve discordar, não do poeta do Espiritismo, e, sim, do próprio Jesus, que afirmou categoricamente: 'O REINO DE DEUS ESTÁ DENTRO DE VÓS" (Lucas 17:21).

Em outra oportunidade, disse, confirmando a profecia de Davi (Salmo 82:6): "VÓS SOIS DEUSES" (João 10:34).

Realmente o Espírito é "*o princípio inteligente do Universo*" (Questão 23 de "O Livro dos Espíritos"). Na resposta da pergunta 79, está contida a explicação maior: "OS ESPÍRITOS SÃO A INDIVIDUALIZAÇÃO DO PRINCÍPIO INTELIGENTE' *("O Livro dos Espíritos").*

Portanto, a centelha ou Reino de Deus em nós ou princípio inteligente origina-se de Deus *(Não há efeito inteligente sem uma causa inteligente"),* sofrendo um processo de *individualização*, através dos milênios, e *tendo a eternidade ao seu dispor*.

No panteísmo, o ser é parte integrante do todo universal e quando surge a desencarnação, tendo ou não consciência de si mesmo, se desfaz, desintegrando-se, voltando a fazer parte do Criador.

O que Léon Denis afirma, tem base nos ensinamentos do Evangelho. Em Atos dos Apóstolos, capítulo 17, versículo 28: "Em

Deus vivemos, e nos movemos, e existimos, como alguns dos vossos poetas têm dito: 'Porque DELE TAMBÉM SOMOS GERAÇÃO".

Allan Kardec, em "Obras Póstumas" (LAKE, pg. 150), assim arremata o assunto em tela: "Doutrina Panteísta: O princípio inteligente (alma), independente da matéria, está espalhado por todo o universo, *mas individualiza-se em cada ser durante a vida, e volta, pela morte, à massa comum, como voltam ao oceano as águas da chuva.*

"*Conseqüências: Sem individualidade e sem consciência de si mesmo, o ser é como se não existisse. As conseqüências morais seriam exatamente as mesmas do materialismo.*

"*Observação:* Um determinado número de panteístas admite que a alma, aspirada, ao nascer, do todo universal, conserva a sua individualidade por tempo indefinido, não voltando à massa geral senão depois de ter alcançado o último grau da perfeição. As conseqüências desta variedade de crenças são absolutamente as mesmas que as da doutrina panteísta, propriamente dita, porque é completamente inútil todo o trabalho para adquirir conhecimentos, dos quais se perderá a consciência, aniquilando-se a alma depois de um tempo relativamente curto.

"Se o espírito recusa a concepção panteísta em geral, sobe de ponto a repugnância em a admitir, quando se vem dizer que, ao alcançar a ciência a perfeição suprema, perde ele o resultado do seu esforço e desaparece a individualidade."

NOTA DO AUTOR: Compulsando o livro "Cristianismo e Espiritismo", pg. 246 6ª edição, Editora FEB, como também a obra "Depois da Morte", 10ª edição, pg. 114. NÃO encontramos as referências citadas pelo padre. Embora tenhamos manuseado os livros, com edições diferentes das observadas pelo sacerdote, não encontramos as citadas fontes, lendo as páginas anteriores e posteriores.

Após, inutilmente, tentar relacionar o Espiritismo ao panteísmo, vem novamente o homem do Clero, com suas alegações infundadas, abordando o tema "Fora da Caridade não há Salvação", com as costumeiras agressões contra a Doutrina Codificada pelo gênio Kardec.

CAPÍTULO VII:

"Fora Da Caridade Não Há Salvação"

O escritor católico faz a seguinte observação: "*O Espiritismo apregoa em alta voz a prática da caridade, sem a qual não há salvação. Tem razão em afirmar a importância da caridade. Todavia os espíritas chegam a relativizar a verdade, como se esta fosse algo de secundário, que não se teria de levar em consideração. Ora, observamos que o ser humano foi feito para aprender a verdade com a sua inteligência e praticar o bem e o amor em seu comportamento. Por isto não se pode dizer que basta a caridade para a salvação eterna. Em nome da caridade mal entendida (ou mal iluminada pela razão e a fé), podem-se cometer autênticas aberrações; a caridade desorientada pode tornar-se mero rótulo que dê aparência legítima ao egoísmo e à exploração do próximo. — De resto, a prática da caridade não é apanágio do Espiritismo, pois a Igreja Católica durante toda a sua história (portanto já muito antes de Allan Kardec) sempre se empenhou pela sorte dos carentes tanto do corpo como de alma; muitos e muitos Santos foram, e são, verdadeiros heróis do serviço ao próximo.*"

De forma nenhuma, os espíritas "*chegam a relativizar a verdade*". O Mestre afirmou: "*Conhecereis a verdade e ela vos libertará* " (João 8:32).

O profitente da Terceira Revelação tem um manancial, constituído de cinco livros básicos, denominado pentateuco espírita, contendo ensinamentos profundos, transmitidos por Entidades Superiores, não nos deixando órfãos (João 14:18), e trazendo-nos a verdade que liberta.

A caridade legítima foi exemplificada pelo Cristo. O próprio Mestre fez do amor ao semelhante um impositivo maior para que o "*Reino de Deus em nós*" cada vez mais cresça e evolua, diante da eternidade. No chamado "*sermão profético*", Jesus alude aos eleitos como aqueles que O seguem na pessoa do próximo, não fazendo referência a nenhuma crença religiosa, nem mesmo ao seu sacrifício na cruz: "...Vinde, benditos de meu Pai! entrai na posse do reino que vos está preparado desde a fundação do mundo.

"Porque tive fome e me destes de comer; tive sede e me destes de beber; era forasteiro e me hospedastes;

"Estava nu e me vestistes; enfermo e me visitastes; preso e fostes ver-me.

"Então perguntarão os justos: Senhor, quando foi que te vimos com fome e te demos de comer? ou com sede e te demos de beber?

"E quando te vimos forasteiro e te hospedamos? ou nu e te vestimos?

"E quando te vimos enfermo ou preso e te fomos visitar?

"O Rei, respondendo, lhes dirá: 'Em verdade vos afirmo que sempre que o fizestes a um destes meus pequeninos irmãos, a mim o fizestes'. " (Mateus 25:34 a 40).

Portanto, o lema espírita "*Fora da Caridade não há Salvação*" é essencialmente cristão, correspondente ao ensinamento de Jesus.

Já o Catolicismo, negando o "Sermão Profético" afirma que "*Fora da Igreja não há Salvação*", sentença completamente antagônica à razão e ao progresso, necessitando de urgente retificação.

Quanto ao "*cometer aberrações, em nome da caridade mal entendida*", o padre não precisa olhar para a frente, buscando anestesiar-se, fugindo da realidade interior de sua crença, quando milhares de assassinatos foram cometidos pelos clérigos, em nome de Deus e de Jesus, através da Inquisição.

Sendo um ministro católico, deveria ter mais respeito com a religião de outrem, não esquecendo que as bases do catolicismo, há milênios, se encontram minadas pelo absolutismo clerical aliado ao poder temporal, responsáveis pela degeneração do Cristianismo, puro e autêntico, dos tempos primevos. ("*Conhecereis a árvore pelos seus frutos*", Mateus 7:20).

Afirmou o prelado que "*muitos e muitos Santos foram, e são, verdadeiros heróis do serviço ao próximo*".

Como já foi dito, anteriormente, os Espíritos santificados não são propriedade exclusiva do catolicismo. Pelo contrário, do Plano Extrafísico, tiveram o infeliz ensejo de observar as ignominiosas ações da abjeta "*Santa Inquisição*" e, certamente, ampararam os Espíritos vítimas de tal barbaridade.

CAPÍTULO VIII:

A BÍBLIA REJEITA

Agora, o sacerdote utiliza-se das armas das chamadas "Escrituras Sagradas" e da munição das leis mosaicas, para combater a Doutrina dos Espíritos, relatando o seguinte:

"Para quem é cristão, o texto bíblico tem valor de guia fundamental. Ora, a Bíblia condena eloqüentemente a evocação dos mortos:

"Lv 19,31: 'Não vos voltareis para os necromantes nem consultareis os adivinhos, pois eles vos contaminariam'.

"Lv 20,6: 'Aquele que recorrer aos necromantes e aos adivinhos para se prostituir com eles, voltar-me-ei contra esse homem e o exterminarei do meio do seu povo'.

"Lv 20,27: 'O homem ou a mulher que, entre vós, for necromante ou adivinho, será morto, será apedrejado, e o seu sangue cairá sobre ele ou ela.'

"Dt 18,10-14: 'Que em teu meio não se encontre alguém que queime seu filho ou sua filha, nem que faça presságio, oráculo, adivinhação ou magia, ou que pratique encantamentos, que interrogue espíritos ou adivinhos, ou ainda que evoque os mortos; pois quem pratica essas coisas é abominável a Javé... Eis que as nações que vais conquistar, ouvem oráculos e adivinhos. Quanto a ti, isso não te é permitido por Javé teu Deus'. Ver ainda 2Rs 17,17; Is 8,19s."

Antes de abordar o assunto da suposta condenação da

mediunidade, fico surpreso que de toda a Bíblia, contendo, em especial, os dignificantes ensinamentos do Novo Testamento, o sacerdote se socorra de alguns textos de Moisés, esquecendo-se ou ignorando os demais do Antigo Testamento. Trago, então, algumas considerações, com exemplos, para meditação e esclarecimento de todos os irmãos, retirados do livro "Razão e Dogma", de minha autoria:

"...6) *As penas de diversos crimes:*

"Deus dita leis absurdas a Moisés que, na época em que vivemos, contradizem o caráter divino da Bíblia.

"O livro de Levítico, corresponde a um tempo de grande atraso, onde as pessoas viviam em tribos hostis e sanguinárias.

'Estranhas leis eram sancionadas, tão humanas e tolas quanto o modo de pensar da humanidade de então. É incrível que ainda se pense numa ordenança divina, quando é fácil constatarmos a presença da frágil ignorância humana.

"A pena capital é outorgada aos homossexuais, aos adúlteros, aos idólatras e aos feiticeiros. É surpreendente a menção da expulsão do seio do povo daqueles que praticarem um relacionamento sexual durante a época da menstruação (Levítico 20:18).

"Se a filha de um sacerdote se desonra, profana o seu pai; com fogo será queimada". (Levítivo 21:9).

"Os deficientes físicos, descendentes dos sacerdotes, são proibidos de penetrar no altar, ou mesmo de 'oferecer o pão do seu Deus'. Um intenso e desumano preconceito é observado na leitura atenta dos textos de Levítico 21:16-24;

"7) *'Deus' faz exigências quanto à oferenda:*

"É incrível que alguns religiosos exaltem tanto todos os textos bíblicos, quando, utilizando a lógica e a razão, verificamos um sem-número de absurdos.

"O 'Deus', ao qual se refere o livro de Levítico 22:17-18, marcadamente bem humano e impertinente, ordena que a oferta, a ser oferecida no altar, seja de animais sem defeitos.

"Mais exigente, ainda, quando determina que não devem ser ofertados animais que tiverem os testículos machucados, ou moídos, ou arrancados, ou cortados (Levítico 22:24).

"Finalizando o lamentável capítulo, 'Deus' se identifica como o 'SENHOR' e diz: '*Não profanareis o meu santo nome, mas serei santificado no meio dos filhos de Israel: Eu sou o SENHOR que vos santifico*':

"...*que vos tirei da terra do Egito, para ser o vosso Deus: Eu sou o SENHOR*' (Levítico 22:32-33).

"Tudo isto não é muito triste, caro leitor!

"8) *A recompensa dada por 'Deus' aos seus obedientes seguidores:*

"No mesmo livro em tela, o 'SENHOR' afirma que, para todos que guardarem e cumprirem os mandamentos, dará chuvas ao seu tempo; a terra dará a sua messe, e a árvore do campo o seu fruto. (Levítico 26:3-4).

"Mais adiante, 'Deus' diz o seguinte: 'Perseguirei os vossos inimigos, e cairão à espada diante de vós. Cinco de vós perseguirão a cem, e cem dentre vós perseguirão a dez mil...' (Levítico 26:7-8).

"Não é à toa que esse mesmo 'Deus' se denomine o 'SENHOR DOS EXÉRCITOS'. É 'incrível, fantástico e extraordinário' que o próprio 'Deus' desrespeite o seu mandamento — NÃO MATARÁS (Êxodo 20:13);

"9) *Os castigos da desobediência.*

" 'Deus' ameaça a todos que rejeitarem os mandamentos e estatutos com as seguintes penas:

"a) '*Porei sobre vós terror, a tísica e a febre ardente* que fazem desaparecer o lustre dos olhos e definhar a vida...' (Levítico 26:16).

"b) '*Voltar-me-ei* contra vós outros, e sereis feridos diante de vossos inimigos...' (Levítico 26:17);

"c) 'Trarei sobre vós a *espada vingadora da minha aliança... enviarei a peste para o meio de vós e sereis entregues na mão do inimigo*' (Levítico 26:25);

"d) '*Com furor* serei contrário a vós outros, e vos castigarei sete vezes mais por causa dos vossos pecados' (Levítico 26:28);

"e) 'Destruirei os vossos altos...' (Levítico 26:30);

"f) '*Reduzirei* as vossas cidades a deserto e *assolarei* os vossos santuários...' (Levítico 26:31);

"g) '*Assolarei* a terra...' (Levítico 26:32).

"Um 'Deus', vingativo e mau, totalmente em desacordo com a Primeira Epístola de João, que nos consola, afirmando-nos: 'DEUS

É AMOR' (1 João 4:8)." *(Retirado do Capítulo XII do livro "Razão e Dogma", Editora "O Clarim", do mesmo autor/Américo D. Nunes Filho)*

Quanto ao tema em tela, o padre comete um erro de interpretação. Nem a Bíblia, e muito menos Moisés, "*condena eloqüentemente a evocação dos mortos*". Os textos são perfeitamente elucidativos, a respeito da mediunidade praticada por seres humanos bem inferiores, em intercâmbio com Espíritos atrasados, principalmente para fins divinatórios, porquanto necromancia é a invocação dos mortos para adivinhações.

Não se deve esquecer, por exemplo, dos idólatras que, nos cultos aos deuses de Baal, praticavam a magia negra, utilizando-se de sacrifícios humanos.

A prática da mediunidade foi proibida, pelo legislador hebreu Moisés, de ser exercida pelos politeístas, exatamente os que adoravam os Espíritos inferiores que se apresentavam ou eram identificados como deuses.

O intercâmbio mediúnico, praticado pelos sinceros adeptos do monoteísmo, não era condenado. Algumas passagens nas Escrituras, claramente, confirmam o fenômeno da mediunidade:

"...Manassés, após seu cativeiro em Babilônia, voltou-se, arrependido, para Deus, abandonando a seita idólatra de Baal, após o que 'ele', angustiado, suplicou deveras ao Senhor seu Deus, e muito se humilhou perante o Deus de seus pais" (2 Cr. 33:12). *Conseqüentemente ouviu "... as palavras dos videntes que lhe falaram em o nome do Senhor, Deus de Israel..." (2 Cr. 33:18).*

A exclamação de Moisés *("Oxalá todo o povo do Senhor fosse profeta, que o Senhor lhes desse o seu Espírito") Livro de Números, Cap. 11, vers. 29,* ressalta que as evocações dos mortos não eram proibidas para os que seguiam verdadeiramente os passos do legislador hebreu. É necessário esclarecer que, para o povo hebreu, os fenômenos mediúnicos eram permitidos e louvados, já que os seus medianeiros não obtinham vantagem financeira, nem eram associados à magia negra e à necromancia.

Mesmo que a condenação mosaica fosse para todos, sabe-se que o Mestre Jesus não ratificou tudo quanto disse Moisés, provando que nem tudo o que veio do legislador judeu é divino (ver Mateus 5:38-48: João 8:1-11). "*Aliás, se há no Velho Testamento uma proibição que foi claramente contestada pelo Mestre, essa proibição é, nada mais, nada menos, a que impede o intercâmbio com o plano invisível. Jesus, tomando consigo a Pedro, Tiago e João, levou-os a um alto monte e se transfigurou diante deles* (Mt. 17:2). *Ali apareceram gloriosamente materializados. Moisés e Elias, que conversaram com o Cristo a respeito de sua futura crucificação. Diga-se, de passagem, que os apóstolos, presentes à reunião, cooperam ativamente para a produção do fenômeno, uma vez que estavam tomados de sono* (Lc. 9:32). Ora, só sentiria sono em tais circunstâncias quem estivesse cedendo ectoplasma, porquanto não se compreende que alguém possa ficar sonolento diante de fatos tão espantosos, como os que se deram no 'monte da transfiguração'. Apesar da presença de Jesus, que por si só dispensaria todo e qualquer concurso alheio para a manifestação do Plano Superior, os apóstolos forneciam ectoplasma, o que explica não estarem em plena posse de sua consciência vigil.

"É IMPORTANTÍSSIMO RESSALTAR QUE O PRÓPRIO MOISÉS, 'MORTO' há tanto tempo e AGORA MATERIALIZADO no monte, FOI JUSTAMENTE QUEM PROIBIU O CONTATO COM OS 'MORTOS'...

"A proibição de Moisés é inteiramente ratificada pela Doutrina Espírita, que igualmente condena a evocação de Espíritos atrasados,com o fim de sortilégios e adivinhações.

"O que se vê, em tudo isto, o que aí se proíbe, não é propriamente o contato com os espíritos, e sim, a utilização desse contato para fins divinatórios. Não era, porém, esse o único motivo para que Moisés proibisse o intercâmbio com o Invisível. É necessário atentar para a missão histórica do povo judeu. Ele tinha que transmitir à humanidade e de maneira insofismável a noção monoteísta. A crença num único Deus era outrora propriedade de iniciados e só a conheciam os que pertenciam a escolas secretas. Os judeus tinham que vulgarizá-la; era necessário, portanto, que sua atenção não se desviasse do Deus Supremo, o que fatalmente aconteceria caso o contato com os espíritos lhes fosse franqueado. Convém não esquecer que foi graças ao monoteísmo, que de Israel, 'encruzilhada do mundo', ponto de encontro entre várias culturas, surgiu o Cristianismo." (Trechos retirados do *Capítulo "A Suposta Proibição Mosaica do Exercício Mediúnico", do livro*

"Razão e Dogma", Editora "O Clarim").

A seguir, o escritor clerical afirma: "*A proibição se deve não à suposição de que os mortos sejam incomodados pelos vivos, mas ao fato de que não há receita que garanta a comunicação entre vivos e mortos. A necromancia é superstição. A oração que os cristãos dirigem aos Santos, não se baseia em fórmulas ou receitas mágicas, mas unicamente na convicção de que Deus quer conservar a comunhão entre os membros do Corpo Místico de Cristo; por isto Ele faz que os justos no céu tomem conhecimento das preces despretensiosas que lhes dirigimos na Terra e, em conseqüência, intercedam por nós.*"

Nada se pode aprender de importante para refutação, nessa maçante ou arrazoadora declaração.

Depois, o religioso dá o seu último grito de guerra, já sem munição: "*Quanto ao caso de Saul, que evocou Samuel mediante a pitonisa de Endor e foi atendido (cf. 1 Sm 28, 5-15), não é paradigma, pois diz a própria Bíblia que Saul foi condenado por causa disso (cf. 1 Cr. 10.3). Deus permitiu que Saul recebesse de Samuel, naquele momento, a advertência de que estava no fim sua vida terrestre e no dia seguinte ia morrer; foi por causa da importância solene daquela hora que Deus permitiu a resposta de Samuel; ela não foi provocada pela arte da adivinha; esta apenas forneceu a ocasião ou as circunstâncias da manifestação de Samuel.*"

De início, parabenizo o sacerdote por não se referir ao "diabo", como sendo Samuel, teoria de muitos exegetas protestantes, tentando negar o aparecimento de um Espírito, ao qual, pela sua crença, deveria estar dormindo, aguardando a absurda e anticientífica "ressurreição dos corpos".

Quanto à passagem, em que o rei Saul procura a pitonisa de Endor, é preciso que se faça algumas reflexões:

1 — O monarca, preocupado que estava com os filisteus, solicitou uma comunicação do Espírito Samuel; portanto, para fins divinatórios, desejava o intercâmbio mediúnico;

2 — Não recebeu o que ansiava, através dos profetas ou médiuns de Israel, nem pela mediunidade de efeitos físicos ("Urim"), nem pelo desdobramento do corpo espiritual ("sonhos"), (1 Samuel 28:6);

3 — Foi ao encontro de uma pitonisa, disfarçado, porquanto o rei tinha desterrado todos os que praticavam a mediunidade de forma inferior para adivinhações e magia negra (1 Samuel 28:3);

4 — Através das faculdades paranormais da inferior medianeira, o Espírito Samuel diz a Saul que ele e seus filhos, no dia seguinte, seriam mortos, na peleja contra os filisteus (1 Samuel 28:19);

5 — O motivo da condenação de Saul, está bem claro, nos versículos 18 e 19. Disse Samuel: "*Como não deste ouvidos à voz do Senhor, e não executaste o que ele no furor da sua ira ordenou contra Amaleque, por isso o Senhor te fez isto (não receber a mensagem mediúnica dos médiuns hebreus)... e amanhã tu e teus filhos estarão comigo...*"

Para os leitores desatentos ou que desconheçam esses versículos, o padre parece passar um ensinamento falso, o de Saul ter sido punido por Deus pelo motivo de ter consultado um "morto".

Finalizando o seu equivocado opúsculo, o clérigo dá um testemunho infeliz que, certamente, deixou alguma marca em seu perispírito, sendo necessária uma futura reparação:

"*Eis por que não sou, nem posso ser, espírita. Religião não é apenas emoção e sentimento, mas é culto a Deus e serviço aos homens, sempre iluminado pelas luzes da razão e da fé na Palavra de Deus. O que muito atrai as pessoas ao Espiritismo, é a capacidade que este tem de suscitar afetos e emoções diversas, muitas vezes desligadas de senso lógico e espírito crítico. Ora, quem permite que os sentimentos preponderem sobre o raciocínio, arrisca-se a cometer graves erros doutrinários e prejudicar sua saúde psíquica... principalmente quando se trata de religião, que é um dos fatores mais aptos a impressionar o ser humano.*"

Felizmente, chego ao final da minha réplica ao livro "Por que não sou espírita?" Espero ter sido útil aos queridos leitores que procuraram, acima de tudo, a verdade. Posso confessá-los que considerei, na sua quase totalidade, os argumentos do eclesiástico bem inconsistentes e rudimentares. Mostrou pouca cultura científica e religiosa, repetindo as anteriores críticas, primárias e também sem valor, do padre Boaventura Kloppenburg.

Com grande contentamento, recebo as suas palavras: "*Eis por que não sou, nem posso ser espírita*". Realmente, o Espiritismo, não seria beneficiado de forma alguma, com a adesão do autor do opúsculo católico aos seus quadros. Contudo, pelo que constatei nas acusações e agressões despendidas à Doutrina, tenho a certeza de que o sacerdote será um dos nossos, em futuras existências, e dará muito trabalho aos que são honestos e sinceros adeptos de Kardec, porquanto será portador de um ranço eclesiástico bem marcante.

Em relação à: "*...Religião não é apenas emoção e sentimento, mas é culto a Deus e serviço aos homens, sempre iluminado pelas luzes da razão e da fé na Palavra de Deus*", *concordo plenamente.*

Logo após, o preconceito, inato no reverendo, se faz presente, dizendo o padre que a Doutrina, codificada por Kardec "*...suscita emoções desligadas de senso lógico, de espírito crítico, e sentimentos preponderando sobre o raciocínio...*"

O Espiritismo é antidogmático, por excelência, não admitindo a fé cega por parte dos seus seguidores, desde que tudo deve ser analisado e submetido ao bisel ou ao crivo da razão.

O Mestre lionês, Allan Kardec, dá uma prova de que estou agora me referindo, ressaltando: "*Fé inabalável somente é aquela que pode encarar a razão face a face, em todas as épocas da Humanidade*". Ainda acrescenta que "*...se surgir uma verdade nova, comprovadamente superior àquela que vem sendo sustentada pelo Espiritismo, ele* (o Espiritismo) *a aceitará imediatamente*".

A Doutrina explica pelas leis da Natureza tudo o que acontece na Terra, não admitindo o milagre dos católicos.

A religião dos Espíritas é acima de tudo "**fé raciocinada**". Sabe por que crê e examina minuciosamente o que provém do Mundo Extrafísico.

A existência do Plano Espiritual foi aceita por Kardec, um ser dotado de grande acuidade intelectual que, a respeito do Espiritismo, assim se expressou: "*Essa crença apoia-se em raciocínios e fatos. Eu próprio não a adotei antes de tê-la examinado demoradamente. Tendo adquirido, no estudo das ciências exatas, hábitos positivistas, sondei, esquadrinhei essa nova ciência em seus mais íntimos refolhos; quis dar-me conta de tudo, porque nunca aceito uma idéia sem çonhecer o porquê e como*". ("O Que é o Espiritismo").

Quanto, novamente, a expor que o Espiritismo prejudica a saúde psíquica, faço minhas, as palavras do médico-psiquiatra, Dr. Inácio Ferreira, relatando o movimento de doentes que passaram pelo Sanatório de Uberaba, durante 11 anos: "*Apenas 39 espíritas aí estão incluídos, contra 1.240 católicos*", *("Novos Rumos à Medicina", Dr. Inácio Ferreira, edição FEESP, pg. 195).*

Que o Mestre abençoe o irmão Bettencourt sempre e cada vez mais, iluminando-lhe o caminho que trilha, em direção ao conhecimento maior, dentro do Universo.

Chegará o tempo e a hora em que o Espírito imortal, cidadão do Infinito, que deu vida a um prelado, no Brasil, de nome Estêvão Bettencourt, estará uníssono com a harmonia e a beleza emanadas do Consolador Prometido pelo Cristo, a Terceira Revelação Divina à Humanidade, a Doutrina Codificada pelo grande pensador lionês, Allan Kardec.

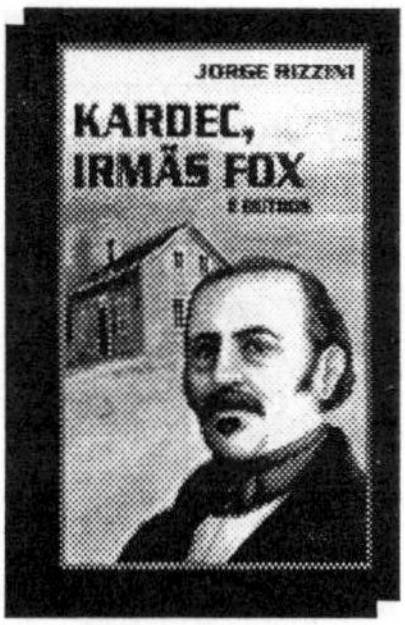

KARDEC, IRMÃS FOX E OUTROS

Documentário

Numa linguagem agradável e interessante do começo ao fim da obra, o escritor Jorge Rizzini relata pesquisas importantes da Codificação e revela fatos e casos esclarecedores de médiuns estrangeiros e brasileiros. 2ª edição — ampliada.

SEXO, AMOR E EDUCAÇÃO

Doutrinário

Numa linguagem aberta, por vezes, chocante, o professor Celso Martins analisa e comenta a questão sexual, à luz do Espiritismo, sobretudo perante a AIDS. 5ª edição.

A VIDA ENSINOU

Contos

À semelhança de "E Para o Resto da Vida", a professora Maria Ida conta excelentes histórias que ilustram e educam pessoas. Ao todo o livro contém 36 capítulos que receberam ilustrações da artista Rita Foelker, que também organizou a capa em 4 cores. 3ª edição.

SETENTA VEZES SETE

Romance

(...) com ensinamentos doutrinários sutilmente encaixados na trama, corretíssimos, na hora certa, sem cansar... O crescente suspense faz com que não se tenha vontade de parar de ler, como só o Armando sabe fazer. Acho que é o melhor livro dele, aprimora-se dia-a-dia.

Hilda Fontoura Nami

CONSCIENTIZAÇÃO ESPÍRITA

Doutrinário

A obra é importantíssima, pois a pesquisa foi profunda e rebate com argumentos irrespondíveis a malograda e detestável tese de J. B. Roustaing. Acresce, ainda, que o autor soube estruturar o livro, o que torna a leitura muito agradável.

Jorge Rizzini

CONTANDO HISTÓRIAS

Contos

É uma seleção de excelentes contos para crianças, jovens e adultos de todas as idades. Esta 3ª edição foi revista e ampliada, com linda capa em quatro cores. Nesta nova edição, participam: Celso Martins, Antonio F. Rodrigues, Rodrigues de Camargo, Sérgio Lourenço, Leandro Guerrini, Francisco Pessolano Júnior, Ary Cassiano da Silva, Lúcia Amaral Kfouri, Célio Romero, Izaías Claro e Sonia Cleide.

PROBLEMAS ESPIRITUAIS?

Como Resolvê-los

Doutrinário

(...) é elevado o número de pessoas aflitas buscando consolo nos médicos, nos psicólogos, nas casas de orações enquanto muitos também extravasam seus problemas nas fugas do alcoolismo, dos tóxicos, dos atos violentos, até mesmo do suicídio.

Por ser testemunha de todo este elenco de dificuldades com que a Humanidade se defronta, Celso Martins elaborou este livrinho onde alguns subsídios são oferecidos ao leitor a fim de orientá-lo e consolá-lo à luz do Espiritismo.